高校排球教学创新与训练方法

靳小雨 著

人民體育出版社

图书在版编目（CIP）数据

高校排球教学创新与训练方法 / 靳小雨著. -- 北京：人民体育出版社, 2024. -- ISBN 978-7-5009-6526-8

Ⅰ. G842.2

中国国家版本馆CIP数据核字第2024EZ9295号

*

人民体育出版社出版发行
北京明达祥瑞文化传媒有限责任公司印刷
新 华 书 店 经 销

*

710×1000　16开本　13.5印张　242千字
2024年12月第1版　　2024年12月第1次印刷

*

ISBN 978-7-5009-6526-8

定价：72.00元

社址：北京市东城区体育馆路8号（天坛公园东门）
电话：67151482（发行部）　　　邮编：100061
传真：67151483　　　　　　　　邮购：67118491
网址：www.psphpress.com

（购买本社图书，如遇有缺损页可与邮购部联系）

前　言

　　排球运动是一项在世界范围内广泛流行的球类运动，具有广泛的群众基础，在体育竞技和体育健身领域都受到很大程度的重视。

　　在高校，排球运动是体育运动教学项目，在促进高校大学生的全面发展方面发挥了重要的作用。随着现代排球运动的不断发展，其教学内容和教学形式也在不断地发生着变化，对排球教学的理论和实践体系提出了新的要求。如何科学合理地构建排球教学体系，深入贯彻新课程改革方案的指导方针，成为当下体育院校最重要的改革内容，也是排球研究者关注的重要问题之一。

　　现阶段，高校学生的排球体育教学训练等工作存在一些问题，为此，高校相关体育教师应当积极进行深入的研究，结合高校学生的实际运动特点，选择有效的排球教学方法，并且优化排球教学模式，保证高校排球体育教学训练工作的质量和效果，推动高校学生的综合身体素质不断提高。

　　本书主要围绕高校排球教学创新与训练方法进行研究，共包含七章内容。第一章是排球教学概述，主要内容包括排球教学目标与教学原则、排球教学的现状与困境、排球教学的改革。第二章是排球课程教学实践与课程体系的构建，主要内容包括排球课程体系的构建与优化策略、排球课程的教学组织与活动实践、排球课程教学效果的评价。第三章是排球教学方法创新与实践，主要内容包括排球课程教学方法分析、排球课程学练方法的创新设计、多元反馈教学法在高校体育专业排球教学中的实践、"排球随心课程"教学方法在高校排球普修课中的实践。第四章是排球教学模式优化与创新，主要内容包括排球教学模式的优化、情景教学模式、团队教学模式、兴趣教学模式、分层互助教学模式。第五章是排球技术教学训练方法，主要内容包括准备姿势和移动教学训练、发球技术教学训练、垫球技术教学训练、传球技术教学训练、扣球技术教学训练、拦网技术教学训练。第六章是排球战术教学训练方法，主要内容包括排球战术基本理论、阵容配备与位置交换训练、信号联系与"自由人"训练、进攻与防守战术训练、技战术教学与训练技法、竞技排球专位技战术分类新体系的构建。第七章是排球运动的科学化训练与优化，主要内容包括排球运动代谢特征与运动训练监控、排球运动的体能与身体素质训练、排球运动的心理训练方式、排球运动损伤的科学预防。

  在本书的撰写过程中，作者查阅了大量文字资料，吸收借鉴了相关的研究成果和实践经验，同时也得到了同事亲朋的鼎力相助，在此深表谢意。虽然在写作中力求完美，但鉴于知识水平和时间有限，不足之处在所难免，恳请各位专家、读者不吝赐教。

靳小雨
2024年6月

目 录

第一章 排球教学概述 （1）

第一节 排球教学目标与教学原则 （1）

第二节 排球教学的现状与困境 （7）

第三节 排球教学的改革 （16）

第二章 排球课程教学实践与课程体系的构建 （23）

第一节 排球课程体系的构建与优化策略 （23）

第二节 排球课程的教学组织与活动实践 （33）

第三节 排球课程教学效果的评价 （38）

第三章 排球教学方法创新与实践 （47）

第一节 排球课程教学方法分析 （47）

第二节 排球课程学练方法的创新设计 （50）

第三节 多元反馈教学法在高校体育专业排球教学中的实践 （66）

第四节 "排球随心课程"教学方法在高校排球普修课中的实践 （78）

第四章 排球教学模式优化与创新 （84）

第一节 排球教学模式的优化 （84）

第二节 情景教学模式 （92）

第三节 团队教学模式 （99）

第四节　兴趣教学模式 ……………………………………（103）
　　第五节　分层互助教学模式 ………………………………（110）

第五章　排球技术教学训练方法 ………………………………（114）
　　第一节　准备姿势和移动教学训练 ………………………（114）
　　第二节　发球技术教学训练 ………………………………（118）
　　第三节　垫球技术教学训练 ………………………………（122）
　　第四节　传球技术教学训练 ………………………………（126）
　　第五节　扣球技术教学训练 ………………………………（133）
　　第六节　拦网技术教学训练 ………………………………（146）

第六章　排球战术教学训练方法 ………………………………（150）
　　第一节　排球战术基本理论 ………………………………（150）
　　第二节　阵容配备与位置交换训练 ………………………（156）
　　第三节　信号联系与"自由人"训练 ………………………（160）
　　第四节　进攻与防守战术训练 ……………………………（162）
　　第五节　技战术教学与训练技法 …………………………（164）

第七章　排球运动的科学化训练与优化 ………………………（173）
　　第一节　排球运动代谢特征与运动训练监控 ……………（173）
　　第二节　排球运动的体能与身体素质训练 ………………（176）
　　第三节　排球运动的心理训练方式 ………………………（187）
　　第四节　排球运动损伤的科学预防 ………………………（200）

第一章　排球教学概述

排球教学是高校体育教学的一个重要组成部分，通过系统化的方法和教学手段，向学生传授排球运动的技能、战术、规则、理论知识，培养他们的精神素质。排球教学是一个全面而系统的教育过程，旨在通过多样化的教学内容和方法，提升学生的排球技能，促进其身心全面发展，培养良好的体育道德和社会责任感。本章主要是对排球教学的目标、原则、现状、困境、改革等进行深入的阐述。

第一节　排球教学目标与教学原则

一、高校排球课程教学的目标

课程目标制订的科学与否，将涉及课程教学的内容、教学组织、教学手段与方法、教学质量的测量与评价等一系列问题。

我国高校排球课程教学的目标主要包括以下几个方面。第一，增强学生体质，增进学生健康，促进学生身心健康发展。第二，培养学生从事排球运动的态度、兴趣、习惯和能力，为终身体育打下良好的基础。第三，促进学生的社会化，培养学生良好的思想品质，使其成为具有创新精神、德智体美全面发展的社会主义优秀人才。第四，传播排球运动文化，促进排球运动发展。第五，实现体育教学目标，完成体育课程任务。

总之，通过排球课程教学，习得终身受益的身体锻炼的知识、手段、方法，从中享受快乐、陶冶情操，提高专项运动素质，培养适应未来社会需要的心理素质以及对外界环境的适应能力和抵抗能力，为终身体育教育服务。

二、高校排球课程教学的任务

为了实现排球课程教学的目标，在高校排球教学工作中，要不断完成以下教学任务。

（一）增强学生体质，促进学生健康

这些年来，我国大学生的体质不容乐观，一直在不断下降。因此，高校体育课程的首要任务便是增强学生的体质，促进学生的健康，排球课程教学目标也是如此。学生在通过排球运动的学习后，身体形态、生理机能、身体素质和身体基本活动能力等方面都得到全面发展，并在此基础上增强他们对自然环境的适应能力和对疾病的抵抗能力。通过高校排球课程的学习，让学生养成运动的习惯，从而终身参与运动，为健康人生打好基础。

（二）传授排球知识和技能

排球课程的教学通过排球知识和技能的传授，使学生了解一部分与排球运动相关的理论知识，以及一定的排球文化和历史。学习排球理论知识、原理和方法，不仅可以加深学生对排球运动文化的了解，调动他们参与排球运动的积极性和自觉性，还可以为他们参与排球运动提供科学的指导，这些原理和方法将使他们受益终身。此外，还可以使学生在具备了一定排球理论知识和原理、方法的基础上，将这些理论知识、原理和方法合理地迁移到其他运动项目的学习过程中[1]。

排球课程的一个重要任务就是让学生掌握排球运动的基本技术，从而让学生利用业余时间去参与排球运动，这是排球课程的一个主要任务。

（三）为学生终身参与体育打好基础

让学生终身参与体育是我国高校体育教学的一个教学任务。高校体育和终身体育的联系，是通过"兴趣"和"能力"这一途径来实现的。在高校排球教学的过程中，应重点培养学生对排球运动的兴趣，在这一基础上通过长期系统的排球技术技能的学习，学生就会对排球运动有一个清晰的认识并理

---

[1]王薇. 高校排球运动教学与训练发展研究[M]. 长春：吉林出版集团股份有限公司，2022.

解其文化内涵，从而具有参与排球运动的积极性和主动性。有了良好的体育价值观和态度，学生才能积极参与体育锻炼，并且终身受益于体育。学生可以因人、因时、因地创造性地去选择适合自己的健身方法和手段，以满足他们终身体育的需求。

（四）促进学生个体的社会化

大学阶段是一个人社会化的关键阶段，也是一个人个性全面发展的重要阶段。高校教学者在排球教学的过程中，要结合体育的特点，通过各种学习方法和手段对学生进行品德教育，使学生的个性和人格得到良好发展。要通过排球运动的教学增强学生的社会责任感和群体意识，培养他们热爱集体、遵纪守法、团结合作、勇敢顽强、创造开拓等品德和作风，为将来适应社会生活奠定良好的基础，实现学生个体的良好社会化。

（五）培养竞技排球人才，促进竞技体育发展

长期以来，我国竞技体育实行的都是三级网训练体制，通过市运动队、省运动队和国家运动队的形式选拔竞技体育人才。随着我国社会的快速发展，这种选拔方式出现了越来越多的弊端，不利于竞技体育人才的选拔。随着我国竞技体育体制的不断改革，借鉴美国竞技体育人才选拔的经验，我国也开始慢慢通过高校来选拔竞技体育人才。作为三大球项目之一的排球，在高校具有一定的基础，具有这样的发展潜力[1]。

因此，在开展学校排球教学活动的过程中，要善于发现有排球运动天赋和运动才能的学生，并在课余时间对他们进行排球运动训练，以提高他们的排球运动技术水平。有条件的高校还应该组织排球高水平运动队，这样既可以丰富学校的校园文化和学生的课余生活，也可以为高一级的排球运动队或排球俱乐部输送后备人才。

三、高校排球课程教学的原则

在进行校园排球课程教学时，应该遵循一定的原则。排球教学应该遵循教育学教学论中有关的一般原则，如教学者的主导作用和学生的主动性相结合原则、直观性原则、系统性原则、巩固性原则、因材施教原则、循序渐进

---

[1] 曾黎. 排球教学方法与训练[M]. 成都：西南交通大学出版社，2015.

原则等，而教学原则也是教学客观规律性的反映。具体到排球教学时，排球教学应有其自身的教学原则。

教学论的研究表明，排球教学原则主要说明教学者在排球的教学过程中如何依据排球教学的客观规律进行教学活动，并在这个过程中加速教学进程和提高教学效果。它是教学者在排球教学过程中为了实现最佳教学效果所必须遵循的基本要求和指导原理。

排球教学原则是在科学分析排球的教学过程及与之相联系的各种因素的基础上建立起来的。在这个过程中，需要对以运动技能学习为主并与思维活动相结合的认知过程、排球教学目标、排球教学内容、排球教学手段进行再次认识。在这种认识的基础上，参照教育学教学论中有关教学一般原则的指导，在实际排球教学实践活动进行的过程中，应着重考虑以下几个方面的基本要素。

（一）以学生为本的原则

在排球教学过程中，要注重以学生为本的原则，在制订教学目标时，应充分考虑到教学过程的主体是学生，并以这一原则为指导来促进学生的自主学习和发展，培养他们的创新精神和竞争条件下的合作意识，不仅使他们的身体得到锻炼，也使他们的性格和意志得到发展。发挥教学对象在学习过程中的主体作用也是人性化教学原则的一项重要内容。

在排球教学中，学生的主体性主要体现在教学中，学生要积极主动地投入学习中，同时构建一种人性化的排球教学环境，将传统排球教学"让我学""让我练"的模式转化为"我要学""我要练"的模式。而人性化教学的另一个主要内容是教学者的主导作用。教学者在教学的过程中要理解学生，并尽量表现出友好和对学生负责的态度。在教学讲解的过程中要有条不紊，教学设计要富有想象力。教师本身也应具有亲切和热忱的良好情感品质，才能为学生所接受和爱戴。同时，教学者还要善于根据排球教学的规律，掌握不同年龄、不同性别学生的生理、心理特征，注意教学的系统性和计划性，选择具有实用性的教学方法，兼顾娱乐性和竞技性，合理安排运动负荷等进行组织教学，使学生产生积极的情感体验，成为教学双边关系中的一种动力源，达到教学相长的理想效果[1]。

---

[1]李元华. 高校排球创新教学与科学竞训研究[M]. 北京：九州出版社，2018.

（二）学生可接受性原则

在进行排球教学时，要考虑学生的可接受能力，并据此确定教学内容的难度和顺序。因此，应该考虑学生的学习能力以及认识思维的逻辑顺序，并遵循学生身心发展的阶段性特征，也就是在制订教学目标时，必须依据目标难度与动机之间的关系理论，并保持适宜的难度。

通常情况下，教学者都会依据特定的教材来安排教学，在选择教学内容时，要考虑到教材本身具有的逻辑顺序，注意教材内容的各组成要素之间是否具有科学合理的逻辑关系。若将其置于具体的排球教学活动中，应当先讲授理论知识，再讲授基本技术，然后是各种技术的组合应用，在学生具备了一定技术能力基础之后再进行一些战术的讲解，最后使学生将排球运动的各种要素进行组合并灵活运用。如果是讲解单一的技术动作，一个技术动作也是由多个不同的单一动作结构组合而成的，每个动作结构又具备不同的细节特征和相应的知识。因此，排球技术教学应多采用分解教学法，先进行基本知识的教学和基本动作的教授，进而将分解动作进行整合，并在组合的过程中注重每一个细节的衔接，使完整的技术动作能够有效地运用。与此同时，根据排球动作技术特点，在学习排球技术时应从准备姿势开始，依次学习击球手型、击球点和击球用力。

在选择教学手段时，应该遵循人类认知过程的普遍规律和运动技能形成原理，练习的过程应先从徒手无球的模仿练习开始，再到有球的实战练习。教学者在教学时应先对学生进行诱导，再辅助他们进行练习，由不使用球网到使用球网，由简单条件下的比赛逐步过渡到复杂条件下的竞赛操作方式方法。

（三）培养学生球感的原则

根据大多数排球教学者教学的经验，在排球的技、战术学习方面，正确地判断人或物与自己的距离的能力、感知人和物的状况与速度的能力（不仅能迅速感知反应的时间，而且能迅速感知本队和对方队员的动向以及各种不同来球的方向和速度）、空间关系视觉化的能力（不仅能感知球与人，而且能认知场上位置与人球空间的关系和洞察其变化）、在时间上统一运动协调的能力（迅速连续进行不同的动作时，按照动作方法或串联序列使之融合统一）等具有特殊意义和特殊作用。因此，教学者在进行排球教学活动的过程中，根据学生所处的学习阶段，采取相应的教学手段培养学生的球感是具有重要意义的。培养学生的球感，可以使学生更熟练地掌握排球的运动技术[①]。

（四）采取恰当教学方法和手段的原则

对于排球运动的初学者来说，对运动知觉（如对球的本体感觉）和球在空中运行的时空感知等状况的辨别、判断的比重很大，然而随着学习的深入，这种比重随着学生对技、战术的掌握逐步深入而有逐渐减小的趋势。但是，后期在判断上对视觉的依赖程度与初期相比却有所增强。在学习后期，肌肉运动时的直觉能力取代了视觉的判断，在这时，如果能使视觉发挥更为有效的作用，则可以使技术动作完成得更加标准。因此，在进行排球技、战术的教学时，应优先选择运用完整与分解示范、正误对比示范、边讲解边示范以及运用照片、电影、录像、投影等直观教具和现代化的多媒体教学手段进行教学，为学生建立清晰的运动表象，使他们更好地掌握技术动作和战术。

（五）注意运用动作迁移理论进行教学

在进行排球技术动作教学时，通过学习某种动作技能而得到的能力向同等或类似的横向技能迁移的情况，可以说比其他球类项目要来得多些。例如，如果学生熟练地掌握了正面上手发球的挥臂动作，那么在学习正面扣球的挥击臂动作时就轻松了许多，因为两种挥臂动作具有相同的特点。但是，在另一种情况下，如果学生学会了排球正面上手发球的挥臂动作，在学习正面上手发飘球的挥击臂动作时，却又有明显的不同，因为它们虽同属排球发球类动作技术，从表面上看动作很相似，但因其挥击臂动作技术在本质和内在联系中有着截然不同的区别，所以它们之间的迁移量并不大。可见，在判断几种动作技能是否具有相似性的时候，并不能只从动作的动觉、运动刺激、运动反应、同一运动反应动作的形式和运动的控制方式等方面来进行比较。这就要求教学者在实际排球技术教学过程中，既要注重运用动作正迁移的有利效应，又要防止动作负迁移的干扰效应。

[①] 王健. 高校排球教学理论与方法研究[M]. 北京：团结出版社，2018.

（六）遵循循序渐进的原则

进行任何运动项目的教学，都要伴随一定的运动强度，适当的运动强度对学生所学技能的掌握程度起着十分重要的作用。在传统的训练观念里，"三从一大"看似很有道理。"一大"就是指"大运动量"，参与运动训练的群体，无论是教学者还是学生都普遍认为，训练量越大，取得的效果就越好。排球运动教学者在纠正学生的技术动作和指导他们改进技术时，经常采用的方法就是增加触球次数，加大他们击球练习的训练量。运动程序理论与动力模式理论中提出了有关练习变异对动作技能主要作用的研究，在长时间内反复进行单一动作的练习会导致记忆动作能力和迁移动作能力降低[1]。

因此，练习量不是安排得越多越好，练习量与运动技能掌握的程度也不完全成正比，并不是练习使动作技能越发完美，而是只有在练习安排适当的条件下才能训练出完美的运动技能，即练习量只有与其他诸如强调动作方法、注重动作效果、变换操作条件等变量共同作用时，才能产生最佳的技能学习效果。

第二节　排球教学的现状与困境

一、高校排球运动教学现状

（一）排球教学缺乏重视和关注

现阶段，高校层面，无论是校领导还是从事排球教学的一线体育教师，都没有从根本上认识到高校排球运动教学在高校体育教学中的重要地位，至少没有将排球置于与篮球、足球相同的地位[2]。虽然我国女排在世界赛事中屡获冠军，我国排球运动水平在世界上处于领先地位，大学生群体对"女排精神"也十分欣赏和赞同，深表敬佩，认为是他们学习的榜样，但具体到校园中的排球运动参与层面上，他们对校园排球运动参与和教学选课、训练参与的积极性并不高。

---

[1]王健. 高校排球教学理论与方法研究[M]. 北京：团结出版社，2018.
[2]许玲俐，杨宋华. 探讨高校排球教学的困境及发展策略[J]. 当代体育科技，2018(8)：36-37.

（二）排球运动师资队伍现状

1. 教师性别现状

当前，我国高校排球运动教学中，绝大多数的体育教师是男性，女性教师非常少。

大学时期是女性生理发育的一个重要时期，在高校排球运动教学中，有相当一部分女学生会选择排球运动课程。在排球运动学习中，女学生会遇到一些生理情况在向男教师寻求帮助时存在不便；此外，男教师在排球教学方面很少会照顾到女学生的特殊生理差异问题，这也导致排球运动教学效果开展得很不理想。

2. 教师年龄现状

我国高校从事排球运动教学的体育教师队伍中，大多数体育教师为青年教师，年龄集中在20～40岁，整个体育教师队伍充满青春活力，精力充沛，整体能力较好，能够较好地胜任排球教学工作。

3. 教师学历现状

目前，我国排球运动的一线体育教师的整体学历水平较高，本科学历者居多，研究生学历者也不在少数，能很好地完成排球运动教学的基本教学任务。一些教师还能在业余时间从事高校体育和排球科研工作，很多教师能利用业余时间自学提升自我。

4. 教师专业现状

大多数高校排球教师在大学学习期间主修了排球专业，因此，其排球运动教学经验和技能知识比较丰富和扎实，能胜任排球专业教学工作。

一些排球教师虽然是非排球专业出身，但在从事排球教学工作前进行了排球教学培训、自学，并注重教学工作中的不断学习，排球教学的专业性较强。

（三）大学生排球课程参与现状

1. 大学生的排球兴趣

调查分析发现，目前我国高校的大多数大学生对排球兴趣不足，大学生选修排球运动课程的主要原因是通过排球运动放松身心，获得日常接触不到的运动体验，真正因为喜欢排球运动而选择排球运动课程的大学生非常少。

2. 大学生对排球教学的评价

针对选修了排球运动课程的大学生进行调查，发现有很多学生对当前的排球运动教学存在不满意的情况（表1-1），排球教学还有许多可改进的地方。

表1-1 大学生对排球教学的评价[①]

排球教学评价	比例(%)
对排球教学形式不满意	78
教师对学生的学习需求不关注	85
教师教学没新意	24
教师的教学手段与方法有待改进	56

除了表1-1中所列出的学生对排球教学的一些改进性评价外，学生对高校排球运动的教学还有以下方面的不满意。

（1）排球教师的教学模式陈旧，难以激发学习兴趣，教学效果较差。

（2）排球教师的教学水平一般或较低[②]。

（四）大学生排球课外活动开展现状

高校排球课外活动是高校排球教育的重要组成部分，这里主要从以下几个方面来调查分析我国高校大学生的排球课外活动开展情况。

1. 大学生课外体育活动参与现状

调查显示，我国高校大学生经常参加的课外活动项目中，排名前五的项目分别是篮球、羽毛球、乒乓球、轮滑和健美操，排球运动的参与人数并不多（表1-2）。从这一调查结果来看，高校大学生在课外参加排球活动的积极性并不高。

[①]王凯. 探讨高校排球教学中存在的问题及对策[J]. 体育世界，2018(10)：60-61.
[②]李犀. 高校排球教学影响因素探究[J]. 长春师范大学学报，2018(10)：35-36.

表1-2　大学生经常参加的课外活动项目（*N*=466）[①]

课外活动项目	人数	比例(%)
篮球	309	66.3
乒乓球	249	53.4
羽毛球	298	63.9
健美操	125	26.8
轮滑	162	34.8
排球	79	17.0
体育舞蹈	86	18.5

2. 大学生课外排球活动参与形式

当前，在我国高校中，排球运动协会（社团）组织的活动是高校大学生在课外参与排球运动的主要活动形式。此外，学校举办的排球比赛、校际排球联谊赛等是我国高校大学生参加课外排球活动的重要形式之一（表1-3）。

表1-3　大学生课外排球活动参与形式（*N*=466）

课外排球参与形式	人数	比例(%)
和同学一起锻炼	219	47.0
不参与	186	40.0
排球协会（社团）活动	128	27.5
学校排球比赛	118	25.3
校际排球联谊赛	79	17.0

在高校课外排球运动活动组织中，排球协会（社团）为促进校园排球运动的进一步开展发挥了一定的作用，但是仅局限在少部分大学生群体中，学校排球协会（社团）在校园推广、普及排球运动和文化的作用还没有充分发挥出来。

需要注意的是，在所参与调查的大学生中，有40.0%的大学生不参与任何形式的课外排球活动，这一数据表明了我国高校大学生在课外参与排球运动的情况是不容乐观的。对此，学校要多组织一些排球活动，鼓励大学生积极参与其中。

[①]王萍. 陕西省普通高校排球运动开展现状调查分析[D]. 延安：延安大学，2014.

3. 大学生课外排球锻炼频数

调查发现，我国大学生每周参加课外排球活动的频数并不多，如表1-4所示。大学生参与课外排球活动不积极，参与次数较少，导致了大学生排球技战术很难得到巩固和提高，参加排球运动的良好习惯也很难养成，而要想促进大学生的排球运动技能得到不断巩固与提高也成为一件很难的事情。

表1-4 大学生课外排球锻炼频数（N=466）

参加频次	人数	比例（%）
每周0~1次	295	63.3
每周2~3次	112	24.0
每周>3次	89	19.0

4. 大学生课外排球活动参与动机

调查发现，我国大学生很少主动参与课外的一些排球活动，多是因为一些客观因素的存在，而被动参与到排球活动中去，调查中仅有11.8%的学生是因为对排球感兴趣而参加课外排球活动，更多的人是为了应对考试、比赛才参加排球活动的（表1-5）。

表1-5 大学生课外排球活动参与动机（N=466）

动机	人数	比例（%）
兴趣因素	55	11.8
提高技战术	87	18.6
备赛	159	34.2
应对考试	165	35.4

二、高校排球运动教学困境

（一）排球教学目标不明确

排球运动教学目标不明确，是当前我国高校排球运动教学面临的一个重要教学问题，这一问题的存在严重制约了我国高校排球运动教学的科学开展与发展。

高校排球运动教学目标不明确受多种因素的影响，长期以来，排球运动教学观念的落后直接导致了在高校排球运动教学目标定位不准确。发展到现在，我国排球运动教学在教学目标方面，仍然存在过于重视"三基"的创收，却在很大程度上忽视了对学生实际体育能力培养的教学现象，具体分析如下。

第一，排球运动教学往往过于重视竞技体育项目，导致课程设置不符合促进学生终身体育观念的形成及全面推行学校学分制的要求。

第二，排球运动教学中，教师往往以掌握某项运动技术为目标，降低了教学的要求和标准，排球运动教学质量不高。

第三，排球运动教学过分重视学生对某项运动技能的掌握，排球运动教学目标定得过高，同时又过于侧重技术提高。由于过于追求技术的精确，许多难度技术令学生可望而不可及，忽视了对学生运动个性的发展，以学生的身体素质和心理特征。在排球运动学习中，学生很难体会到排球运动带来的快乐感和成就感，导致学习兴趣不高[①]。

第四，排球运动教学在针对不同专业的学生的体育课程设置方面，欠缺全面的、有针对性的、专业性的教学，学生选课积极性不高。

（二）排球教学内容单一

高校排球运动教学不受重视，导致了排球运动教学内容选择不能得到科学研究、调查，而是往往依照以往的经验或者直接参考其他运动项目的教学来确定排球运动教学的内容。

体育课程的设置在一定条件下是人才培养的重要体现，也是有效完成教学任务的前提条件。因此，有关排球课程设置问题将是今后排球课程改革的核心环节。20世纪80年代以来，我国体育教育体系经过了几次比较大的调整，每次课程调整都以学生自身发展需要为出发点，在一定条件下充分考虑学生在课程方面的需要，并把两个需要有效结合起来，从而推动了我国排球课程改革的不断完善。然而，多位专家对我国现行的排球课程体系进行评估，从中发现了诸多问题，其问题和评估结果从总体上看令人担忧。排球课程无论是在具体的教学内容还是在学时比例分配上，都出现了许多不合理的地方，在我国许多高校基本上还是采用以前的硬式普修加硬式专修的单一竞技排球课程方式，这种单一的排球课程模式已经不能适应现代体育教育发展

---

① 刘素伟. 普通高校排球教学的现状及改革对策[J]. 学校体育学，2013(3)：52-53.

的需要，在一定程度上起到了阻碍作用。

1. 过度重视排球技能教学

当前，我国高校排球运动教学中，以排球运动竞技实践教学为主，加上受传统教学思想的影响，排球运动技能教学以竞技性的排球运动技术为主要教学内容，整个排球运动教学过程中，教学内容多集中在竞技排球技战术练习方面。

与师范类的体育学生相比，一些体育院校的排球课程设置重视对技术的运用而忽视了对理论知识的培养，并且学校和学校之间没有统一的课程标准，在学时安排上也比较混乱。这种现象与我国的课程体系改革的指导思想严重不符，重技术而轻理论的课程设置在一定程度上还导致了学生的学科理论知识面过于狭窄。并且在其重视的技能课程安排上，也没有较好地体现出符合社会发展需要的复合型人才培养目标。

目前，普通高校排球教学过程中所安排的教学内容大都是垫球、发球和传球等，排球运动的教学内容过于单一、死板，趣味性不足，过于强调学生对技术掌握的准确性，忽略了学生对动作连贯性的掌握和对学生排球训练的整体考查，导致很多高校大学生在排球课程学习的过程中由于对某些技术的动作要领掌握和理解得不到位，渐渐产生厌学的心理[①]。

从学生排球选课方面来看，大多数高校学生在排球的选课内容上，集中在排球的理论知识主要包括排球的技术动作和训练方法，因此，学生的排球体育发展主要集中在体育理论方面。高校学生对具有排球实践的课程选择比较少，从中可以看出大多数高校学生出现了不同程度的重理论而轻实践的现象，也在一定条件下反映出高校学生的发展方向具有师范性，而恰恰是因为这种现象，在一定程度上反映出我国高校排球课程设置的单一性。

2. 忽视排球体能教学

当前我国高校排球教学中，教学内容以排球技能学练为主，在排球技能学练之前，几乎没有任何排球运动体能训练内容的安排，这就导致排球运动课程教学完成之后，教师认为学生完全可以掌握排球运动教学技能，学生也认为自己熟悉了排球技能的动作原理与动作要领，能很好地掌握排球运动技

---

① 李雯，左丹．普通高校排球教学的现状及改革对策[J]．运动，2016(4)：36-37．

能，但事实上，由于体能方面的不足，学生的排球运动技能水平并不高，排球教学效果并不好。

我国大部分体育院校在排球课程设置上以单一的排球竞技为主要形式，即使是《体育教育改革方案》在各大高校全面实施以来以及课程体系改革积极推进的今天，气排在整个排球课程设置里所占的内容还是很少，沙滩排球项目在相当一部分院校中还没有涉及，这在一定程度上说明我国体育课程体系改革还没有得到切实执行，以传统的硬式排球课程为主要形式的课程设置仍然占据着主导地位。我国的排球课程体系以及课程内容设置与我国的体育课程总体改革存在严重滞后的现象，阻碍了我国排球体育教育教学事业的发展。

针对一些进行排球学习的大学生的调查显示，在上排球课时，教师的课上热身活动时间一般为5~10分钟，仅依靠每次课中的活动时间来发展体能显然是不可能的。调查发现，学生的身体肌肉、心肺机能远远不能达到排球运动要求，约76%的女生耐力仅能支撑20分钟，约78%的男生能坚持28分钟强度较高的排球训练，15%的学生能胜任低级别的排球比赛，学生体能基础整体较弱[1]。

3. 忽视排球文化教学

当前高校排球教学中，对排球文化教学的忽视体现在不注重排球运动的起源与发展知识、排球运动文化、多元排球运动文化形态教学等多个方面。

众所周知，发展到现在，排球运动项目形式多样，内容丰富，而这些丰富多彩的娱乐性排球运动内容在高校排球运动教学中很少涉及。

以排球技术教学为主，排球运动理论、运动文化较少涉及，多元化的排球运动形式也较少在排球教学中出现，排球教学内容单一的问题严重影响了高校大学生的排球运动参与兴趣，制约了排球运动在高校的进一步普及与发展。

4. 课程内容脱离教学的实际情况

从排球学生的就业方向来看，大多数的排球学生毕业后的就业方向是中小学校及相关的教育部门。然而，经过长期的实践检验可以发现，高校的排

---

[1] 王凯. 探讨高校排球教学中存在的问题及对策[J]. 体育世界，2018(10)：60-61.

球课程设置和中小学的现有体育教育现状存在一定程度的脱节现象，这也是大多数专家经过研究和调查所共同认证的结果。

新的体育教育标准主要体现在对健康问题的重视上，并提出"健康第一"的教育教学口号。特别是对排球教育来说，与以往的体育教育标准相比，其内容发生了较大的变化。虽然我国排球教育的体育教程与中小学体育教育发展要求正在趋向一致，但是现阶段还是存在着一些比较突出的问题，特别是在排球课程内容上还是较多采用以前的硬式教育的方法，甚至高校排球理论知识与中小学的教育理念存在不对称的现象。传统的排球课程内容设置还主要停留在技、战术的层级上，有些方面甚至只讲究运动的相关指标，而对排球教育的深远意义和影响未能真正体现。因此，对现有的排球课程内容进行改革，并使其内容与中小学体育教育理念相吻合，已经成为现阶段迫切需要解决的问题。

（三）排球教学方法丰富创新

当前我国高校排球运动教学仍然沿用原有的体育教学方法，整个排球运动教学几乎等同于排球技能实践学练，学生的排球学习时间就是在各种排球技能的身体练习中度过的。这种枯燥的排球教学方法也是导致排球运动教学选课率低、学生兴趣不高的重要原因。

当前高校体育教学改革下，许多新的教学方法不断投入体育教学实践中并得到了应用，排球运动教学也应尝试引入一些新的教学方法，通过丰富多彩的教学方法不断激发学生的排球运动学习兴趣。

（四）排球教学基础设施落后

在我国高校，不少体育运动项目都有自己的专业场地和运动器材，甚至还有现代化的体育场馆，如田径场、篮球场、足球场、游泳场馆、健美操教室等。相比之下，许多高校缺乏排球运动场地设施建设，排球运动教学多在田径场或者篮球场上进行，有时甚至在水泥场地上开展排球教学运动。

排球运动教学基础设施落后充分表现了当前高校排球运动教学不受重视的尴尬境地，排球运动基础设施落后严重制约了排球运动教学的进一步发展，也使排球运动教学中增加了许多不安全因素。

第三节 排球教学的改革

排球不仅是一项竞技体育项目，更是一种体育文化。因此，高校排球课程发展与改革工作更加凸显其价值。

排球教学已不再是单纯的技术教学，而是立体化教学。这就要求教学中应由注重掌握技术、技能，向注重培养学生的体育意识、兴趣、能力和个性方向转化；由单纯强调技评和达标成绩的学习，向强调学生学习过程转化；注意在学习过程中激发学生的学习动机，启发学生的思维，使学生主动探究问题，自主活动；教师的角色要重新定位，由原来的传授者转变成学生学习的指导者、合作者；由封闭的教学组织形式，向开放的教学组织形式转化。

高校排球课程有益于大学生的身心健康发展，新时代对高校排球体育课程的发展提出了更高的要求。如何顺应时代发展的需要、适应现代大学生综合发展的特点进行高校排球课程教学改革是一个值得研究的问题。

一、以素质教育为教学改革指导

排球运动教学思想对排球运动教学开展、发展、创新等方面具有重要的指导作用。新时期素质教育思想，对排球运动教学模式的构建提出了一个新的方向，一切教学活动都应该促进学生素质的全面发展与提高，促进学生健康成长、成才。

现阶段，要促进排球运动教学改革，就必须在排球运动教学中始终坚持以素质教育思想为指导，使排球运动教学的整个过程都必须为促进学生的全面发展服务。在素质教育思想的指导下，要合理安排排球运动教学体系的各个要素及其关系[①]。

二、改变传统排球教学模式，构建多元化的课程理念

传统排球教学模式以教师为主导。要想打破传统的排球教学模式，就不能局限于单纯的教学课堂，必须重新构建一种多元化的体育课程教学理念。

---

①高勤. 排球运动的多元化发展与教学创新研究[M]. 长春：吉林大学出版社，2016.

比如，针对排球的基本知识可以实行网络化的授课模式；针对排球运动的项目发展知识可以聘请专业体育人士进行服务性教学；针对排球运动的竞赛教学可以安排学生观看相关排球体育赛事，观看以后记录自己对比赛的理解和想法，加深对排球运动的认知。总之，不固守过去单一的课堂教学方式，多元化教学观念的更新也需要教学方法的全面改革。其中，更新教学手段和教学设施，是加快教学方法的改革、改变体育教师旧思维观念的重要措施。同时，增强体育教师在课堂教学过程中的实践自主性，让体育教师能根据全体学生的实际学习情况不断转变教学方法观念，因材施教，更加注重培养学生的体育道德素质和修养。

三、重视排球课程内容的调整

在新的课程改革背景下，我国高校体育课程处于不断进步和发展中。现阶段，在高校排球运动课程教学中，应对排球课程内容进行以下方面的调整。

第一，增强排球教学的趣味性，在教学中充分利用学生的好奇心，激发学生的学习兴趣。

第二，加大对排球课程教学的普及力度，对一些竞技体育项目中不适合学生的技术要领、规则、器材和设施要进行相应的改造，有利于在大学生中普遍开展，更具有健身价值。

第三，增强排球课程教学的创新性，注重排球运动教学的开放性教学，不急于否定学生，注重引导与启发。

四、加强师资队伍建设，提高排球教师专业水平

排球教师是排球教学组织的核心，学生在排球课程的学习过程中所获得的知识与技能上的提高离不开学校对排球教师的培养。要完成人才培养任务，首先要提高排球教师自身的素质，这就要求排球教师不仅学习和掌握排球专项知识、技术、技能，而且掌握其他学科知识，并能把这些知识与排球结合起来，用于排球教学过程中。其次，排球教师还要不断学习更新排球专项知识，了解排球的发展动态，学习新的排球教学方法和手段，不断提高业务能力。

提高排球教师队伍水平是促进高校排球运动教学发展的一个重要途径，

具体应做好以下工作：一是严格教师上岗制度；二是加强在职排球教师培训工作；三是通过多种渠道为年轻的排球教师提供进修、培训机会；四是培养有责任感的排球教师队伍，提高教师的理论水平；五是重视培养和引进经验丰富、高学历、富有创新意识的排球教师；六是鼓励排球教师进行教学改革、创新[1]。

五、构建实时、立体的排球课程评估系统

实时有效的教学监督、管理和绩效评估是检验排球教学改革各阶段成果的最佳验证手段，为学校的体育教育改革工作提供改革思路和发展方向[2]。排球教学改革是一项必须付诸实践的体育工作，必须把体育计划性的理论知识转化为体育实际操作。因此，学生的反馈和教学体验、教学成绩等都可以直接作为学校高质量的绩效评价数据来源，是高校建立健全教学改革科研成果监督验收和绩效评价考核机制的一个重要环节。高校排球课程评价体系改革应是一个立体的综合课程评价体系，不以一次性的考试成绩为评价衡量的主要依据，评价体系内容应包括学生的日常体育学习表现和学习态度，反映学生日常学习参与体育课和排球运动的整体过程。高校应重视对教学实践能力的评价考核，对学生的排球体育教学实践能力进行评估，让学生亲身体会到排球考试成绩不断进步的成就感。高校排球课程评价体系采用综合评分的方法，包括技术学习、理论学习、教学能力、平时表现等，主要为调动学生的积极性，锻炼学生自学的能力。此外，学校还可以通过基于移动端的监测技术手段，实时监测和记录教师的课堂教学过程，为推进体育课程教学的不断深化改革和持续发展创新提供重要依据[3]。

六、加大排球教学资源和场馆设施建设投入

高校排球课程教学和排球训练的开展离不开充足的体育教学资源和完善的训练场地设施。随着高校的扩招，学生对现有排球训练场地设施和训练条件的需求越来越高。为此，高校应加大对体育经费的投入，从而建设与学

---

[1] 陶尚武. 校园排球课程教学理论分析与创新[M]. 北京：九州出版社，2018.
[2] 田琳. 高校排球教学效果影响因素及其优化策略探讨[J]. 冰雪体育创新研究，2021(22)：93-94.
[3] 刘宏博. 创新高校排球教学模式，打造高效体育教学课堂的途径探索[J]. 佳木斯职业学院学报，2021，37(10)：110-111.

校规模相适应的体育场馆，配备足够的体育器材和设备，为高校排球教学提供良好的物质基础条件与环境。同时根据高校现有排球场地设施和体育师资，科学安排排球课程，提高排球场地器材的综合利用率，保证高校排球课程教学和学生课余时间排球体育活动的正常开展，培养学生排球运动爱好，为高校排球课程改革打下良好的基础。此外，对旧有体育场馆的改造进一步加强，充分合理利用。按照制度要求使用物资，并加强体育设施的保养和维修，定期对场地设备及器材进行检查维修，确保排球运动教学顺利开展，并确保教学安全。

七、以学生为本，开展排球教学

排球运动教学的开展以身体活动练习为主要方式，因此，教学中必须对学生的身体情况有一个较为全面的了解，才能在教学实践中更有针对性地安排排球运动教学内容，才能真正促进学生的身体正常发育、身体素质提高、生理机能发展。

排球运动教学对学生的体质、体能有一定的要求，同时应为促进学生的体质健康发展服务。人的身体素质的发展是有一定规律的，不长期进行运动训练，运动能力、水平、身体素质就会退化。排球运动教学应注重学生的体质健康、体能基础锻炼，结合大学生体质健康测试来推动高校排球课程教学的发展，通过科学安排排球运动教学内容，不断提高学生的身体素质。

排球运动教学具有实践性、体验性和表现性等特点，这些特点对学生的心理发展也有一定的要求。因此，分析学生的心理特点，选择与学生特点相符的排球运动教学模式，结合学生的心理变化适时地调整教学方法、手段和组织形式，以不断提高排球运动教学质量和效果。

传统排球教学中，教师是权威。新形势下，教师应该改变权威者形象，将学习的主动权交到学生手上，改变以往统一划一的教学，实施个性化教学。

八、重视社团与文化建设

建设校园体育团体，组织多元校园体育文化活动，是促进高校体育教育发展的有效措施，这一策略可充分应用到高校排球教学中。

体育协会、体育俱乐部是我国高校近几年非常流行的体育文化活动组织机构，学生根据自己的体育特长、兴趣爱好自愿加入组织。体育俱乐部有组织、有管理，有专人指导，活动效果好，深受高校大学生欢迎。

因此，通过高校排球运动社团与排球运动文化活动组织，可以在高校营造良好的排球运动氛围，为大学生积极参与排球运动起到促进作用。

九、切实落实终身体育教育

"终身体育"是"终身教育"的重要组成部分，"终身体育"就是要将体育健身贯穿于生命的全过程，在人的一生接受教育的过程中，促进终身体育。

在高校排球教学中，教师应通过各项教学活动的开展，培养学生的终身排球运动参与意识，提高学生的终身排球运动参与能力。教师要激发学生排球运动学习兴趣，使他们拥有长远的、持久的学习动机，积极学习体育锻炼和卫生保健的相关知识和技能。同时，还要培养学生排球运动参与习惯。教师应引导学生将排球运动锻炼的习惯延续到校园生活之外，使学生走出校园之后也积极参与排球运动锻炼。另外，教师还要培养学生的排球运动文化素养。合理安排排球运动教学课内、课外活动，以健身为目标，全面提高学生的排球运动素质、技能、知识、能力[1]。

十、合理选编教材

教材是课程教学的重要载体。在排球教学中，教材的选择考虑两个层面的问题：一要有利于学生提高基本理论知识和运动技能，形成锻炼身体的习惯；二要适合学生的身心特点，满足学生的运动兴趣和现实与未来的体育需要，为学生未来生活服务。普通高校排球教材必须从目前体育院系术科教学的模式中跳出来，根据排球运动竞赛的基本特征，将在比赛中使用频率较高、实用性较强、动作技术结构与方法相对简单、学生比较容易掌握与运用的基本技术与战术作为主要内容，减少高难度及次要教材，保证主要教材的时数分配。

---

[1] 高勤. 排球运动的多元化发展与教学创新研究[M]. 长春：吉林大学出版社，2016.

十一、潜心安排教学组织形式

在普通高校体育教学中，从宏观上按学生的体育兴趣进行分班教学的组织形式已得到了广大体育教师的赞同。其基本形式是：一是按学生运动的实际能力水平将教学班分为优秀组与普通组，教师将教学的主要精力放在普通组，对该组学生进行强化教学，从而使学生更加积极、主动学习，与此同时，适当兼顾优秀组，给他们提出更高的要求，每次上课进行动作技术测评，按测评的结果实行动态升降，让普通组学生感受到通过努力升入优秀组的成就感和自豪感，而优秀组的学生为能继续留在优秀组而在能力上有更上一层楼的优越感；二是进行互补分组教学，如在背向双手垫球技术教学中，先由教师讲解示范，逐步进行一段时间的自抛、自垫练习（轻力量），再进行几人一组的练习，练习中轮流担当"小教师"的职责，给练习者及时提供反馈信息，形成相互监督、鼓励，共同进步的良好学习氛围。

十二、精心设计练习手段

在排球动作技术教学中，练习手段安排是否合理对教学效果的好坏有着举足轻重的影响。练习手段的设计既要考虑使用时的递进性，又要考虑实用性。例如，在扣球技术的挥击动作教学中，可通过递增网高的练习手段，收获明显的教学效果。这是因为在最初低网的练习中，学生可以把注意力集中在挥击动作上，可以从中体会到"一锤定音"所带来的快乐，从而调动学生的积极性和主动性，在学生基本掌握动作要领的前提下逐渐升高网，让学生经过努力，充分发挥自己的水平。

十三、科学运用教学方法和手段

由于排球课程教学的时数有限，加上学生年龄、性别、运动能力等不同，在选择教学方法时，应根据不同的阶段和特点选择不同的教学方法。运用多媒体技术，实现教学手段现代化，一些深奥的理论、复杂的运动也可以通过三维动画、虚拟现实等手段使学生从科学与艺术相融的视觉信息中感知抽象、理解复杂，有利于调动学生的所有感官功能，全身心地投入学习，从而达到传统教学无法达到的特殊效果，实现教学的最佳目的。利用电影、电视录像和计算机CAI等媒体技术手段，可以动态地模拟排球技战术的时空特征和连续变化过程，提高直观教学的效果①。

在掌握动作技术阶段，应根据学生能够利用已知知识的心理学特点，尽可能运用诱导性示范与讲解的方法，如在垫球练习时，教师可在学生掌握正面双手垫球的基础上诱导学生如何掌握变向垫球的动作方法和要领，充分激发学生的想象力与创造力；根据学生不易发现自身错误动作的心理特征，尽可能地运用即刻信息反馈纠正错误的方法，如在练习上手传球技术时，用简洁性语言即刻反馈给学生，让学生即刻纠正动作；尽可能运用辅助性练习、诱导性练习和降低条件的重复练习法，如在扣球教学中，对那些动作僵硬而又不协调的学生，可让其手持一根软绳去击打一个固定目标，而充分体会鞭打动作，既不会觉得枯燥，还会从中得到乐趣，在享受乐趣的过程中使技术动作得到改进和提高，进而在练习扣球过程中真正享受排球带来的快乐。

十四、组织课余排球竞赛活动

针对高校排球教学的实际情况，为调动学生学习排球的积极性，应进一步改进排球教学工作。在排球教学课上，根据学生排球技术的实际情况安排相应的排球教学比赛②。教师可以根据技术水平对学生进行分组，技术水平高的按高水平比赛标准要求，技术水平低的降低比赛标准要求。这样既能满足高水平学生进一步提高排球技术水平的需求，也能激发水平低的学生努力练习。另外，教师可让排球技术基础好的学生与基础一般的学生配合进行教学竞赛，达到相互促进、不断进步的目的。

组织课余排球竞赛活动，一方面，通过竞赛激发学生对排球的热情，使学生喜爱该项运动，从而引导他们参加课外锻炼，掌握一项锻炼身体的运动，为终身体育奠定基础；另一方面，能使课堂教学与课外活动有效结合，提高教学效果。

---

①王恒. 排球教学与训练[M]. 哈尔滨：哈尔滨工程大学出版社，2016.
②陈圣逸. 论团队协作精神在高校排球教学中的应用[J]. 体育风尚，2021(10)：243-244.

第二章　排球课程教学实践与课程体系的构建

在高等教育机构中，排球作为体育课程的一部分，已经有较长的教学历史。许多高校都将排球列为体育必修或选修课程，制订了详细的课程大纲，旨在通过系统教学提升学生的排球技能、理论知识、战术理解和身体素质。这些课程不仅强调技术训练，还注重对团队合作、意志品质和体育精神的培养，体现了较为成熟和全面的教学体系。本章主要是对排球课程体系的构建、排球课程的教学组织和教学效果的评价等进行深入的阐述。

第一节　排球课程体系的构建与优化策略

一、排球技术教学的基本阶段

排球运动基本技术的教学可分为三个阶段：学习阶段，即初步掌握动作阶段；掌握阶段，即改进和完善动作阶段，掌握技术和理论知识深化阶段；提高阶段，即动作日益巩固，趋于运用自如，达到自动化阶段。这三个阶段的特点和教法各不相同[1]。

（一）学习阶段

学习阶段的学生由于大脑皮质兴奋过度容易扩散，内抑制不够，在练习中表现出动作紧张、不协调，缺乏控制能力，并有自己附加的多余动作。排球技术教学的重点是解决其兴奋性的问题，用统一讲解和练习的形式，对动作细节不做具体要求，只强调正确动作应怎样做。可以在没有场地、球网的限制，较小力量、较慢速度的条件下进行练习。在这一阶段教学中，还要特

---

[1]陈诚.现代排球技战术与实战训练研究[M].西安：陕西人民教育出版社，2019.

别注意培养学生对排球运动的兴趣，调动学生的学习积极性，活跃课堂教学气氛。值得一提的是，结合排球的游戏性能激发学生的学习热情，提高学生在教学过程中的兴奋性。为使学生对排球技术动作有完整、正确的概念，初步掌握技术动作，教师的讲解要力求简练、精确、清楚、有感染力；教师的示范动作要干净、利落、清晰、优美、有精神，使学生看了就想学、想练，达到鼓动干劲的效果。只有将学生的神经系统调整到最佳状态，才能形成一个较理想的教学氛围，为学生学习掌握教学内容打下良好的基础。就排球运动教学的三个基本阶段而言，此阶段时间相对较短。

（二）掌握阶段

掌握阶段的学生大脑皮层兴奋相对集中，内抑制逐渐发展巩固，排球技术动作开始变得轻快、协调灵活。教学中应把解决共性问题与个性问题相结合、讲解与启发提问相结合，提高学生观察和分析技术动作的能力，对错误动作要及时纠正。在教学课中，对基本技术的练习应保持一定的次数和时间，不能过分迁就于学生的兴趣，特别是传球、垫球的基本练习要予以重视，采用不同的组合、形式去进行练习，也可以用一种形式多种用途或一种用途多种形式去丰富练习的内容[①]。

例如，接扣球的练习可以是定点多角度接扣球，也可以是不定点固定角度接扣球。此外，为了提高学生的学习效率，减少与预防错误动作的出现，教师应对学生进行辅导。辅导分为普通辅导、部分辅导和个别辅导三种形式，其运用原则应该因人而异、对症下药。思想教育工作要及时配合，因为在此阶段中，学习的难度和练习的难度逐渐增加，个别学生会出现兴趣减退、畏惧困难的情况，如果能发挥思想教育工作的效能，使学生勇敢面对挫折、刻苦学习，暂时的问题终将会得到解决。这一阶段的教学时间长于学习阶段，反映在结合场地、网、球，并对球的力量、速度、距离、落点提出各种不同的要求，还要对技术的运用练习的质量做出明确规定，增加练习的复杂程序。如果没有足够的时间练习，学生就无法掌握技术动作并达到熟练程度。

（三）提高阶段

这一阶段大脑皮质已形成通路，内抑制牢固，大脑皮质的兴奋高度集

---

① 刘文学，李凤丽. 排球运动训练与指导[M]. 长春：吉林摄影出版社，2017.

中，动作巩固且能够高度准确、熟练和省力地完成动作，随机应变、灵活而轻快地运用技术。为了提高技术运用的熟练程度和战术配合默契程度，应多安排在接近比赛的条件下进行的综合性或对抗性练习。针对学生的实际情况分组，提出密度、强度、难度以及规则方面的要求。譬如，安排几个学生站在场上的不同位置，担当不同角色，以不同的组合练习形式去综合练习攻防技术，提高临场串联和运用技术的能力，培养战术意识，相互默契配合，使之加深对技术、战术从理论到实践的再认识。如果各方面条件都已成熟，也不妨安排在比赛的条件下进行练习。例如，有裁判员执行部分正式规则，采用计时比赛或回合比赛等。由于这个阶段的教学内容多、任务重、要求高，所以教学工作的难度较大，教学时间最长。

在实际教学中，排球技术教学的三个阶段划分有时也没有非常明确的界限，甚至还会出现反复。由于教学对象各自的情况不同，差异性较大，所以在教学阶段的学习进程也各不相同。例如，有的开始学习进步较快，而后逐渐缓慢下来；有的开始学习稳定，缓步上升；还有的学习进步达到一定水平后不再上升，有时还会下降，即出现"高原现象"，待"高原期"过后又重新上升。种种现象的出现，给排球技术教学提出了新的课题，能否对各教学阶段里的学习进程加以科学的控制，是检验教师能力的一个重要因素。

二、排球教学体系

（一）教学计划

教学计划是国家或教育主管部门根据教育目的和不同类型学校的培养目标，所制订的有关教学和教育工作的指导性文件。它规定了设置的课程，各门课程教学的顺序和教学时数，每个年级的教学、劳动和课外活动的时间，寒暑假安排，学年编制等。它体现了国家对学校教育、教学工作的统一要求，是学校组织教学的根本依据。是否严格全面执行国家颁布的教学计划，也是检查学校教学、教育工作进行情况及衡量质量高低的标准。此外，国家教委组织有关部门和学校编写课程基本要求，其中包含各门课程目标、具体任务、基本教学条件选编原则、基本教学内容、教学基本要求、成绩考核、教学基本条件等内容。它是制订课程教学大纲、组织教学、开展教学评估、实施教学管理和教材建设的重要依据，也是对各专业进行教育、教学评估的重要依据，是各门专业课程建设的指导性教学文件。

（二）教学大纲

教学大纲是国家按照教学计划，以纲要形式编写的有关学科教学目的、教学要求和教学内容的指导性文件。每门学科的教学大纲明确规定了该课程的内容、范围、体系、教学进度及教学方法的具体要求和考核标准等。教学大纲是国家对各科教学所规定的统一规格要求，是教师进行教学的依据，也是衡量教学质量的重要标准。教学大纲一般包括三个部分，即说明、本文、考试办法[①]。

1. 说明

说明部分扼要说明本门学科的教学目的和任务，教材选编的指导思想和主要依据，教材内容的时数分配，以及教学方法上的原则要求。

2. 本文

本文部分是教学大纲的主体，它根据每门学科知识的内在逻辑体系，以纲目的形式系统地列出教材内容的课题要目和章节顺序，在章节下简要指出内容要点和基本论点，以及教学的重点、难点和教学时数等。

体育类教学大纲中的球类教材内容分为理论部分和实践部分。理论部分内容规定讲授的课题及各课的内容，根据不同的学校、学制确定教材的范围和深度。实践部分内容较多、比重较大，有技术、有战术，各项技术、战术又有其特有的动作方法和运动形式，教法不尽相同。在教材内容编排表述上有按年级编排和按教材系统编排两种方式。按年级编排有利于根据教学的基本任务，结合各学段学生的年龄特征，合理安排教材，也有助于教师处理好每个年级教材的横向关系。按教材系统编排有利于根据教材的内在联系，科学地、系统地安排各类教材，编排教材时有一定的灵活性，能适应各种不同情况。为了标明教材的主次关系，分为重点教材、一般教材和介绍教材三种。

3. 考试办法

考试办法部分是针对各级学校体育教学所专门制定的，它规定考试的内容、方法、标准、评分办法和要求等，考试的内容应与大纲规定的教材内容

---

①王健. 高校排球教学理论与方法研究[M]. 北京：团结出版社，2018.

相一致。教学大纲是编写学科教材的直接依据。我国一般是先由国家组织编写每门学科的教学大纲，再根据大纲组织编写各学科教科书。但在实际中也是先根据学科设置的目的及知识的逻辑结构，组织编写出教材或教科书，再根据教科书的内容提纲挈领地列出纲目，加上相应部分组成的大纲。

（三）教学进度

教学进度是按照大纲的规定，对各学期的教学内容所做的课时和课序的具体分配，是每个教师本学期进行课堂教学和书写教案的可靠依据。教学进度安排的好坏，在很大程度上直接影响教学效果。所以，每个学期开始前，必须科学地、周密地、具体地制订教学进度。

1. 制订排球教学进度的前提

（1）学习有关教学计划和教学大纲的文件，结合本校的实际情况，明确制订排球教学进度的指导思想。

（2）认真研究排球教学的目的、任务、方法、形式和手段等，领会其实质。阅读有关排球教材的内容，弄清每项技术教学时数在整个教材中所占的比重，以及各类技术与战术的纵横关系。

（3）根据学生的具体情况和实际水平，确定学期中排球教学的教材内容，即重点教材、一般教材和介绍教材。

（4）分配各项技术、战术教学内容时，要考虑到教学的条件（场地和器械）、师生的配合（教的能力和学的能力）、技术动作的难易程度、季节对技术掌握的影响等。

（5）对于学生学习排球各项技术的负荷量，教师要做到心中有数，既要有掌握技术的内容，又要有提高身体素质的内容；既要练上肢，也要练下肢，使身体得到全面的发展。

（6）为使课堂教学与课外活动紧密结合，在考虑教材的分量时，还应加入一定的课外作业，以巩固所学知识、技术和技能。

2. 制订排球教学进度的方法

制订排球教学进度的方法有阶段螺旋式和循序渐进式两种。

（1）阶段螺旋式。阶段螺旋式是将教学过程划分为紧密联系的几个阶段，每个阶段都包括基本技术、串联配合、全队战术等几个教学内容和过程。每个阶段既有其独立性又有下一阶段的基础，逐渐加深和扩大教材内容，突出了主要教材的教学。各阶段的教学时数分配比重，应根据排球运动的特点和内在联系而定，各种技术、战术先后出现的顺序，以及技术、战术的组合，应遵循由易到难、由简到繁、循序渐进和巩固提高等教学原则[①]。

（2）循序渐进式。循序渐进式是把教材内容按照主次和难易程度科学地分配于全教学过程。首先，抓好主要技术的教学，为进一步提高技术水平打好基础。主要技术的教学一直贯穿于整个教学阶段中，并呈逐步加深加宽的走向趋势，再配以相应战术的教学。其次，安排进度应稳妥地处理好主要技术与次要技术、技术与战术、进攻与防守、新教材与复习教材的关系。再次，重点教材、一般教材、介绍教材的内容进度安排，要以主要技术和战术为主线，避免因选择不当与主要技术、战术的教学发生矛盾。理论课也是如此，可根据与主要技术、战术的关系，合理地插入各教学单元中。最后，对教学比赛（随课比赛、比赛课）的安排，在保证教学任务的前提下，尽可能增加一些比赛的时间和次数，以培养运用技术、战术的能力，在实践中提高技术、战术水平。

排球教学进度不是教材内容的简单排列，而是既要保持排球教学的科学性和系统性，又不失排球运动的技术、战术的规律性、完整性。因此，排球教学进度在一般情况下应相对稳定，不可随意改动。

3. 编写教学进度应注意的几个问题

（1）合理划分教学阶段。教学阶段的划分是在整个教学过程中确定教材教学时数和教材内容在进度中出现时机的基本依据，是保证课程教学质量的基本途径之一。排球普修教学进度一般包括以下五个阶段：

①单项基本技术教学及其串联阶段；
②单项基本技术运用及其串联阶段；
③多项基本技术运用及进攻战术教学阶段；
④多项技术运用及防守战术教学阶段；
⑤多项技术运用及攻防战术运用提高阶段。

[①]陈诚. 现代排球技战术与实战训练研究[M]. 西安：陕西人民教育出版社，2019.

由于这五个阶段的教学目的任务有所不同，所以各阶段教学时数分配的比重也应有所侧重。一般而言，第一阶段占30%，第二阶段占25%，第三阶段和第四阶段各占20%，第五阶段占5%。

（2）合理安排各阶段教材序列。合理安排各阶段教材序列是保证课程教学质量的又一个基本途径。其操作要点主要有以下几点：

①先进行单项基本技术教学；
②复杂的单项基本技术一经出现，就必须连续出现，如垫、传、扣；
③随即出现单项基本技术运用，并连续出现；
④技术串联，如发—垫、垫—传等；
⑤基本技术分析理论课；
⑥出现进攻战术教学；
⑦防守战术教学；
⑧攻、防战术教学后应为基本战术分析理论课；
⑨规则与裁判法理论课；
⑩排球技、战术教法理论课；
⑪教学比赛，并逐步向完整、复杂的条件过渡；
⑫一般教材穿插安排在相应的基本技、战术教材之后；
⑬介绍教材安排在课程结束前，以多媒体视频教材的形式进行。

（3）合理安排课时教材序列。合理安排课时教材序列是保证课程教学质量的另一个重要方面，其操作要点主要有以下几点：

①每次课的教材最多三个；
②新教材每次课最多两个；
③战术教材应与匹配的技术教材一起安排；
④一般教材应与匹配的主要教材一起安排；
⑤教学比赛不以教材形式出现，而以技、战术教材中练习手段的形式出现。

（四）教案

教案又称课时计划，是教师组织和进行课堂教学的基本依据。它是根据教学的进度、教学的实际和条件，按照科学的教学程序，采用合理实用的教学方法而编写的。教案的质量直接影响教学效果，也可以反映出一个教师的思想水平和业务水平[①]。

排球技术教学课的教案应包括下列内容：一是课的主要任务和要求；二是教学内容及教学过程；三是技术、战术教学的顺序和步骤；四是教学方法和组织手段；五是练习的时间、次数和负荷量。

排球技术教学课的教案一般以准备、基本和结束三个部分的先后顺序来编写。在课的任务和要求的提法上，用词应简明扼要、切合实际。例如，在技术、战术的教材方面，一般用"学习""初步掌握""建立……概念""复习""改进""进一步提高"或"提高和巩固"等；在机体和素质方面，可用"发展、增强、促进"或"进一步发展、增强"等；在思想道德品质方面，一般用"培养、加强、发扬、调动"。

准备部分主要明确本课的任务和要求，使学生的注意力迅速集中到排球场上来，让身体器官进入兴奋状态，克服生理惰性，为基本部分做好心理和身体准备。准备活动的形式很多，但无论采用怎样的形式，都要遵循"进程由慢到快、动作幅度由小到大、运动量逐渐上升"的原则。准备活动的内容选择与安排应尽量与本次课的主要任务相适应，也可以通过准备活动有针对性地发展某一专项身体素质。

基本部分是课的主体，备课时应将重点放在基本部分的安排上，安排基本部分的内容教材之间的相互联系，明确本次课的主要任务、教材的重点与难点、要解决的重点问题。排球技术课的特点是通过练习达到教学目的——使学生掌握"三基"。在进行技术练习时应加大练习密度，增加触球的次数，这是学生掌握和提高排球技术的关键。选择练习的方法要有目的性，一种练习方法能达到多种目的，几种练习方法也能达到同一目的。施以恰当的组织教法也是备课的重点之一，分组轮换或不轮换的练习形式、各项教材的教学步骤和采取的教法措施等，都应根据具体情况而定。

结束部分一般要做整理活动，调整呼吸，使全身或局部肌肉得到放松。由运动引起的生理变化不可能随着运动的停止而立即消失，需要引导神经和其他器官恢复正常的生理机能，过渡到安静状态，消除疲劳。讲评本次课的纪律、作风和教学任务完成情况，布置作业和预习的内容也不可缺少，但时间不宜过长。

---

① 王薇. 高校排球运动教学与训练发展研究[M]. 长春：吉林出版集团股份有限公司，2022.

三、排球课程体系的优化策略

随着排球课程改革的不断深入，几乎所有的高校都在为适应社会和学生的实际需要而调整课程设置，还有一些高校根据自身条件，通过各种途径增设一系列的选修课，把传统的、时尚的和民族的课程有效混合起来，从而较好地丰富了校园体育文化。与此同时，一些比较传统的体育项目却受到了比较严重的冲击，其中排球选修课这些年就处在一种比较低迷的状态。因此，要想在顺应时代和大学生身心发展的潮流中，提高排球的受欢迎和喜爱程度，就要充分利用现有的排球资源，让更多的人接受和热爱排球。

（一）更新教育观念，普修课程内容符合教育发展要求

在排球课程设置的过程中，由于其周期比较长，并且对其审核需要比较长的时间，这就为排球课程设置要求提供了一个较为宽裕的研究时间。在高校排球课程优化的过程中，可以与国外一些排球课程设置比较科学的院校进行交流，学习他人的先进经验；也可以采取问卷调查和组织有关专家进行交流的形式，为我国高校科学地进行排球改革奠定坚实的基础。

同时，还要不断对排球课程设置理念进行创新，善于打破或创新传统落后的教育观念，在课程设置的过程中还要敢于创新、善于创新，在创新过程中摸索出一条适合我国排球课程设置先进的、科学的发展道路，使我国高校排球普修课程内容符合社会需求以及教育发展要求[1]。

（二）加快教学改革，构建多元化课程理念

对现实当中约定俗成的教育模式予以打破，增加学生排球理论知识的学习途径并将其设置为教学发展的目标。在具体的设置过程中，可以利用网络讲解的教学模式或聘请一些具有专业排球知识的专家、学者进行授课，还可以让学生进入比赛现场当中，充分感受和了解排球的真实氛围和比赛环境，让学生对排球运动有一个更加清晰的认识。

总之，对多元化课程理念进行构建，加快高校排球教学方法的改革，为高校排球课程设置提供更为宽广的时间和空间。还可以通过体育授课教师的自主性，让教师对学生的身体条件和状况有一个全面了解，并根据学生条件

---

[1] 陶尚武. 校园排球课程教学理论分析与创新[M]. 北京：九州出版社，2018.

相应调整教学思路和方法；还可以根据学生的天分和兴趣、特长采取因材施教的方法开展教学活动。更要注意高校学生在体育道德情操上的培养，推动学生体育技能和理论与体育情操共同发展。在进行高校体育课程内容设置的过程中，高校在更新教学手段和设施方面有重要的责任和义务，通过对排球基础设施的更新、改造，能够为学生提供一个比较好的学习和交流场地，这也是排球教育和课程发展的基础条件。

（三）调整教学计划，培养教学能力

要使学生在理论、技能和情操上全面综合发展，就必须加大学生在体育理论知识上的学习力度，这对他们未来走出校门、步入社会具有重要意义。在对理论知识进行学习的同时，教师还要引导学生增加在课程训练当中的交流，对整个学习过程进行引导，对学生在训练当中遇到的技术问题进行及时解答；教师要善于发现和认识学生的个性特点，然后根据他们所具有的资质，有针对性地提出不同的课程要求；同时，教师还要善于根据现实条件和状况对学生的课程训练计划进行调整，从而使学生的训练计划达到最佳状态，在一定程度上提高学生的排球水平和能力。

（四）对排球课程考核制度进行改革

针对社会发展需要和教育改革发展要求，建立科学、有效的排球课程考核制度，考核制度改革发展对排球人才培养具有重要的推动作用，从我国现阶段的课程考核制度的状况来看，其已经不能满足今后排球教学和应用发展的需要。对排球课程考核制度进行改革，改变传统的以成绩定输赢的落后方式，在成绩评定中增加学生的平时成绩、学生的学习态度以及其他方面的内容，推动课程改革的不断深入以及教学效果的不断提高。

排球课程设置还要注意教学大纲的规范化，对教学内容的适用化进行调整，善于运用科学的教学方法。在教学大纲的制订过程中要根据国家的教育指导纲要来进行设定，从而为排球教师进行教学提供有力依据。在排球教材的建设上要从学生的实际适用性出发，考虑学生将来在社会的发展需要，对那些竞技性较强的教材要减少使用，适当增加具有实践指导意义的健身内容。教师在具体的教学过程中，要根据排球的教学特点，对教学方法进行创新，努力培养学生排球兴趣和合作交流意识，提高学生的创造

性思维和能力。在教材的选择上要做到因材施教，推动学生能力和素养的全面发展[1]。

排球运动是我国比较常见的运动项目，在排球教育教学中如何发展排球，是现阶段国家和高校需要认真解决的问题，并且已经成为体育事业研究方面的重要课题。从我国排球的发展状况来看，高校排球人才培养能够为我国排球整体事业的发展提供充足动力。我国排球的技术水平与世界其他国家相比并不弱，但是在高校排球人才培养方面与西方发达国家却存在着一定差距，因此，对国外先进的排球理念予以引进，同时与我国排球发展的现实状况有效结合，对于推动我国高校排球事业的发展具有重要意义。

第二节　排球课程的教学组织与活动实践

一、排球课堂教学的类型与要求

课堂教学又称班级授课班，是将学生按年龄和知识水平分成固定的人数，以班级为单位，按规定的教学内容、教学时间和课程表分科进行教学的一种基本组织形式。

排球运动课堂教学的主要特点表现为：排球课堂教学主要是在体育场（馆）进行，对场地设备有一定的要求。学生在教师的指导下，学习、掌握排球运动的三基（基本知识、技术和技能），通过思维活动与体力的紧密结合，反复进行练习，并承受一定的运动负荷，以排球的运动形式来达到锻炼身体和愉悦身心的目的。排球课堂教学的组织管理工作较复杂，分组教学形式居多，学生的年龄、性别、健康状况、运动基础、素质等方面都可能存在一定的差异，同时，室外教学易受外界自然条件的影响。排球课堂教学有利于比较生动具体地对学生进行思想品德教育，结合教学的各项具体活动和实例，使学生容易接受[2]。

（一）排球课堂教学的类型

排球课堂教学的类型，一般可以划分为理论课和实践课两大类。

---

[1]陶尚武. 校园排球课程教学理论分析与创新[M]. 北京：九州出版社，2018.
[2]高勤. 排球运动的多元化发展与教学创新研究[M]. 长春：吉林大学出版社，2016.

1. 理论课

理论课是指在教室内讲授有关排球运动基础理论知识的课。教师主要讲授排球运动的发展简史、技术动作规格与分析战术打法及组合、世界排坛的主要流派和发展趋势、比赛规则、裁判方法等。

理论课应以教学计划、教学大纲、教材为依据，按照教学进度和教学任务的统一要求，合理安排上课时间和次数。有必要留有一定的机动时间，以应付场地器材无法保障及雨天等特殊情况，可临时安排有关的理论课，讲稿要事先准备好。理论课要结合运用直接性强的教育手段，如图片、挂图、幻灯片、投影、录像、电影和电视教材等。

2. 实践课

实践课是指在场馆（室外操场、体育馆和健身房）进行身体练习（技术、战术练习）的课。它是按照国家有关统一规定的教学大纲和各校制订的教学进度进行的。排球课堂教学（又称排球教学课）主要是指实践课。

根据排球教学课的具体任务，分为引导课、教授课、复习课、综合课和考核课等；根据提高排球专项水平的教学需要，又可分为普修课和专修课；根据提高训练水平和专项的技术、战术素养，还可分为身体训练课、技战术课、教学比赛课等[1]。

总之，排球课堂教学的类型较多，教师可根据教学任务、内容及对象特点，选择和运用不同类型的课，使排球课堂教学构成一个完整的体系。

（二）排球课堂教学的一般结构

课堂教学的结构即课的结构，是指一节课的基本组成部分及各部分的联系，进行的顺序和时间的分配等。

排球课堂教学的一般结构以三部分的课的结构为主体，即开始与准备部分、基本部分、结束部分。把课分成三部分的模式，是依据人体生理机能活动能力的变化规律确定的，而各个部分的具体内容与组织工作的安排和时间分配，则可根据课的任务、学生特点、场地器材与季节气候等条件而改变。

---

[1]温宗林. 阳光体育理念下的排球教学与训练[M]. 哈尔滨：哈尔滨地图出版社，2019.

排球教学课结构的划分，也并不是一成不变的。有时为了教学需要，课的结构可不分部分与阶段，以练习和休息的合理交替，使练习一个接一个地进行，不过分强调技术的传授，而重视发展学生的运动能力。由此可见，排球教学课的结构无论是分几个部分，还是几个阶段，都不能硬性规定，而要通盘考虑教学目的和任务、教材的性质、学生的年龄特征、教学的物质条件、教学方法上的要求及负荷的安排等，从而确定教与学相互联系的合理顺序，以及练习与练习之间的有机联系。因此，教师应根据具体情况灵活地、创造性地安排课的结构，不能千篇一律。

（三）排球课堂教学的基本要求

一般来说，排球课堂教学应遵循下列要求。

1. 教学任务明确

教学任务是一堂课的指导思想，是上课的出发点和归宿，明确教学任务是上好课的重要条件。教学目的包括掌握知识、技术和技能，发展智力、能力，培养思想品德，增强体力、体质等方面的内容，这些内容要有机统一。

2. 教学内容正确

教学内容是上课的主要依据，看一节课的好坏，重点在于内容，如教学内容的选择是否合理、符合逻辑等。

3. 教学方法恰当

所谓方法恰当，即课上使用的方法符合教材特点、学生特点，并能充分利用现有的场地设备条件，有利于学生掌握"三基"。

4. 课堂组织合理

整个课的进行基本符合课时计划的设计，课的各个部分进行得有条不紊，环环相扣，始终能保持一种良好的课堂气氛，教师能机智地处理各种偶发事件，保证课堂教学的顺利进行。

5. 教学积极主动

教师和学生都能处于积极主动的状态中，教师能引导学生进入良好的学习和练习状态，学生精神饱满，并能全身心地投入，整个课堂都表现出在教师引导下的学生主观能动性的发挥。

6. 教学效果显著

衡量一堂课的好与差，归根结底是看教学效果。在师生的共同努力下，绝大部分学生都能按课堂教学目标的要求，完成本堂课的任务，理解和掌握教学大纲所规定的教学内容，而且优等生能"吃得饱"，中等生能"吃得好"，差等生也能"吃得了"，从而大面积地取得教学高质量成效。

二、排球课时教学组织

教学组织受一定的教学思想、特定的学生和场地器材以及教学内容的制约。因此，正确认识组织教学的种类及其优缺点，科学、合理地选择和正确运用组织教学形式，有利于学生运动技能的形成与发展，有利于学生的个性和情感的培养与发展，有利于提高教学的效率。

（一）课时组织教学的基本含义

课时组织教学，是在排球教学过程中为了实现课时教学目标，而确定的教师与学生以及学生与学生之间的组织结构方式。它是将教学内容、教学手段和教学方法等教学要素以一定的教学程序有机联结起来的纽带。课时组织教学具有多维性和多样性的特征[1]。

（二）课时组织教学的种类及其基本特征

技术分组、体能分组、固定分组、临时分组和升降级分组大多属于能力分组范畴。这类分组形式大多属于教师主导型的传统教学组织形式，学生相互之间的联系相对比较松散。

兴趣分组、非正式群体分组和分层次分组属于心理分组范畴。这类分组形式大多属于既注意教师的主导作用，又强调学生的主体作用的现代教学组织形式，学生相互之间的联系相对比较紧密，有利于优化课时教学的人文环境，创设适宜的教学情境，有利于达成课时教学目标。

---

[1] 王健. 高校排球教学理论与方法研究[M]. 北京：团结出版社，2018.

（三）两种现代组织教学形式的特点和操作方法

兴趣分组是根据学生相同的兴趣与爱好将其分为一组实施教学的组织教学形式。术科教学实践证明，这种组织教学仅仅适合于选用教材和传统项目的教学。从这个意义上来说，这种组织教学形式不适于排球课程教学。基于这样的认识，这里着重阐述非正式群体分组和分层次分组两种组织教学形式。

1. 非正式群体分组的特点和操作方法

非正式群体分组是将心理、动机和倾向一致，以及观念接近、信念一致、需要类似、情绪相投的学生分为一组，实施教学的组织教学形式。由于非正式群体成员心理相融，相互吸引，他们在练习时更容易产生愉悦的心理体验，形成团体凝聚力，营造团结向上的课堂气氛。因此，在排球教学中，采用非正式群体分组进行教学，不仅可给学生提供更多的交往机会，满足学生寻求友谊的社会需求，为其建立和保持良好的人际关系创造了必要条件，而且可为相互合作，提高学习的积极性、主动性和创造性，提高学习的效果，创设良好的心理环境。

2. 分层次分组的特点和操作方法

分层次分组是指依据学生由个体差异而导致的认知能力和掌握能力的实际情况差异，设计不同层次的教学目标、教学内容和要求，给予不同层次的指导，采用不同层次的检测手段与标准，从而使各层次学生分别在各自起点上选择不同的学习速度和数量、不同的知识与技能等的组织教学形式。其最大的特点是强调措施和目标的对应性，使每个学生都能在原有的基础上得到完善与提高。其操作的基本方式是：首先，确定排球基础知识、身体素质、技术达标与评定的测试指标；其次，使用标准分计算所测得的每个学生的三大项参数；最后，依据每个学生综合评价的标准分，进行等级排序，从而完成分层次分组。

（四）运用组织教学形式应注意的问题

在组织教学形式的时候，我们需要注意以下的几个问题。

第一，排球教学过程是师生交流互动的过程。在选择和运用组织教学形式时，应营造师生平等、民主、合作的心理氛围，创设多向的师生教学交流情境。

第二，教学场所、设备、器材是师生发生互动的中介和传递教学信息的媒介。因此，合理地组织和充分利用教学中的物质资源是优化课时组织教学形式的一个重要途径。

第三，课时教学组织形式取决于课时的性质和内容。因此，课程性质与内容的多样性，必然使课时组织教学形式多样。

第四，尊重学生的个体差异。在确定课时组织教学形式时，应充分注意到学生在身体条件、兴趣爱好和运动技能等方面所存在的个体差异。

第五，每一种课时的组织教学形式都有其利弊与得失。因此，强调综合运用课时的各种组织教学形式是提高教学效率的一个重要因素。

三、排球运动课外活动实践

课外体育活动安排排球作为活动内容，既能进一步巩固和拓展体育课上排球教学的效果，使学生经常以排球运动为锻炼的手段，又能丰富学生的业余精神文化生活。因此，组织安排好课外体育活动，是排球教师工作中的一个重要环节。

课外体育活动并不是课堂体育教学的延续，而是课堂体育教学的必要补充。课堂体育教学的不足，导致培养人才具有一定的局限性，而课外体育活动正是避免了课堂体育教学的某些缺陷，弥补了课堂体育教学的不足[①]。

第三节 排球课程教学效果的评价

一、排球课程教学效果评价的含义

排球课程教学效果评价是运用一切可行的评价技术手段，对排球教学活动及其效果进行评估，并予以价值判定的过程。

排球课程教学评价的实质是对排球教学活动从影响和效果两个方面给予价值上的判定，并积极引导排球教学活动朝预定的目标发展。通过适当的教学评价，促使排球教学更加有目的地实施[②]。

---

① 王恒.排球教学与训练[M].哈尔滨：哈尔滨工程大学出版社，2016.
② 曾黎.排球教学方法与训练[M].成都：西南交通大学出版社，2015.

二、排球课程教学效果评价的原则

（一）科学性与可行性相统一的原则

科学性评价是指所使用的评价方法和评价标准与评价事物的客观规律相符合，能够体现出决定事物本质的主要因素和内在联系，并尽可能地做到数量化和精细化，进而将主观估计的因素降到最低水平。可行性评价是指使评价方法和评价标准更加简便易行、便于操作。科学性与可行性是个矛盾体。在评价中，所采用的科学的评价方法和评价指标都是比较复杂的，难以掌握实施，再加上在评价领域中有很多因素都很难确定相应的客观标准，并且不能进行量化。因此，在制定相应的指标评价体系时，还要对评价的可行性进行考虑。

（二）指导与评价相结合的原则

在进行评价的同时，应该对教学进行指导，主要包括以下几个方面。

第一，对工作绩效进行检查，看是否与工作目标相一致，并对存在的问题进行分析，以此来对工作计划进行适时修正，从而使整个工作朝着总体目标的方向来努力。

第二，"以评促建、评建结合、重在建设"，通过开展评估工作来进一步促进工作的顺利开展。

第三，没有指导的评价是消极的，是无法达到评价目的的。要在对评价结果进行认真分析的基础上来进行指导，并与评价对象的主观条件相结合，从实际出发，进一步提出相应的改进意见，以使评价对象克服自身缺点，发挥其自身优势，进而争取获得更大的进步[1]。

（三）客观性与可比性相一致的原则

在建立相应的指标评价体系的过程中，所采用的评价指标和评价方式应尽量是能够定量的、可测定的和公认的，通过评价能够客观、公正地反映出工作的实际情况。

此外，在建立相应的指标评价体系的过程中，针对同类评估对象要注意

---

[1]温宗林.阳光体育理念下的排球教学与训练[M].哈尔滨：哈尔滨地图出版社，2019.

选择其共性内容，要对标准化的评价体系进行严格控制，并对评价尺度的一致性进行准确把握，根据准确的评价结果来对同类事物的优劣和差异进行比较、权衡。

三、排球课程教学效果评价的方法

（一）教师评价与学生评价相结合

传统的排球教学评价是以教师评价为主体地位的，这种评价方式不能很好地反映排球教学的实施效果。在评价过程中，应该采取教师对学生的评价、学生对教师的评价、学生之间的评价以及学生自评相结合的方法，从而实现评价主体的多元化，提高教学评价的真实度。

（二）结果性评价和过程性评价相结合

在排球教学评价中，不能只进行结果性的评价，对学生通过排球课获得的运动技能水平进行评价，还应该结合学生在体育学习过程中的态度、情感等因素进行过程性评价。将结果性评价和过程性评价紧密结合起来，可以使排球教学过程变得更加合理，从而提高排球教学的质量。

（三）定性评价和定量评价相结合

在排球教学评价过程中，要注意将定性评价和定量评价结合起来，不能只进行定性评价，也不能只追求定量评价。例如，在排球教学中，不能单单以学生颠球数量的多少来判定学生运动水平的高低，应该结合学生在整个学习过程中的体育参与度、体能水平等综合判定。

而在进行专项体能的教学时，如对跑动的距离、仰卧起坐的数量等应有一个明确的要求，从而实现排球教学的相应目标。因此，在排球教学过程中，一定要注意将定性评价和定量评价结合起来[1]。

（四）整体性评价与个体差异性评价相结合

对于一堂排球教学课来说，对全体学生学习效果的整体评价，是排球教学效果的检验指标。但是，由于学生身体素质和运动能力的不同，导致在进

---

[1]李元华.高校排球创新教学与科学竞训研究[M].北京：九州出版社，2018.

行排球学习时，不可能取得同样的效果。因此，必须有针对性地进行个体差异性的评价，区别化对待。这样，有利于帮助学生建立排球学习的信心，使学生对自己的排球学习效果有一个更加清晰的认识，从而更加积极地参与到排球学习中去。

四、排球课程教学效果评价的内容

（一）排球教学管理体制

排球教学管理体制是排球教学评价的主要内容之一。排球教学管理体制评价的内容主要包括学校是否已设立以校领导为首，体育部或者体育院系领导为负责人的排球教学机构，如排球教学各层次的职责是否明确，领导能否对排球教学进行直接管理，分管校领导能否经常关心排球教学工作的发展；排球教学的规章制度是否建立和健全等。

（二）排球教师队伍

对排球教学师资队伍的评价是评价排球教学效果的重要方面，对排球教师的评价包括以下两个方面。

1. 对排球教师综合素质的评价

（1）政治素质。排球教师政治素质的评价主要有对思想道德修养、良好的文明行为习惯、政治理论的考核成绩、遵纪守法、工作态度、教书育人、为人师表、坚持四项基本原则、参与民主管理等方面的评价。

（2）知识结构素质。对排球教师知识结构素质的评价包括两个方面：一是对于教育学和心理学的基本原理和原则要熟练掌握，同时了解学生的身体发展和教育规律，这样才能做到理论与实践相结合；二是必须具有全面系统的排球专业知识，并对相关学科的基本常识有所了解。

（3）能力素质。能力素质的评价主要是指对教师完成教学工作的能力、独立进行体育教学活动的能力、教育管理学生的能力、表达能力、创新能力、开发和运用体育资源的能力、教育科学研究能力等的评价。

（4）心理素质。排球教师的心理素质评价的内容主要包括四个方面：一是思维敏捷、缜密，能向学生传授有严密逻辑的知识体系；二是观察力必须敏锐，能够及时通过洞察学生的言行而对其内心世界有所了解，从而发现学生的潜力；三是情感丰富，能以自己乐观愉快的情绪感染学生；四是在意志品质方面必须非常可靠，面对困难做到迎刃而解，保证排球教学的顺利进行。

（5）可持续发展素质。对可持续发展素质的评价主要是对教师接受新理论、新方法、新技术的能力进行考量，同时还要考虑教师的自学提高能力、教师寻求发展的能力以及教学改革和教学研究及科研能力。这其中，教师的教学发展潜能是非常重要的一个素质。

2. 对排球教师教学工作的评价

（1）教学思想的评价。考核教师在排球运动的教学过程中，对于教书育人原则的坚持程度，对于学生的全面发展是否有利，是否有改革创新的精神等。

（2）教学技能的评价。教师的讲解语言是否准确、规范、简洁，是否正确运用排球的专业术语，动作的示范能否做到优美，并且正确无误，在处理课堂突发事件时能否冷静处理，并使教学工作得以顺利进行。

（3）教学方法和教学手段的评价。教学方法有没有足够强的启发性来帮助学生进行独立的思考、分析和解决问题，并激发学生的创新意识；是否与学生的身心特点相符合并有助于激发他们的学习兴趣和动机；教学中的直观因素是否足够提高学生的学习效率。

（4）教学内容的评价。教学内容是否做到科学性和思想性相统一，是否紧紧围绕教学目标安排，思想品德教育的内容是不是贯穿在课程当中，运动负荷的安排科学与否，对教学组织的合理程度等。

（5）教学效果的评价。教师是否调动学生的学习积极性和主动性；是否激发和保持学生运动的兴趣并促进学生形成体育锻炼的习惯；是否培养学生顽强、勇敢、合作竞争的心理品质。

（三）学生

学生是排球教学的对象，对学生的评价重点在于其排球运动的学习，具体如下。

1. 对排球学习的评价

对排球运动学习的评价指依据《体育教学大纲》所规定的学习目标和学习内容，对学生个体或群体的学习过程和学习成果进行价值判断的活动。具体包括对学生身体素质和运动能力、体育基础知识、排球运动技能、学习情感的评价。

2. 对学生学习能力的评价

学力是学生学习的能力，是学生获得行为的才能、能力。评价学生的学习能力要对学生的排球学习能力状况以及个别差异更为了解，从而在排球运动教学目标的完成当中获取更多的信息资料，达到培养学生排球运动技能的目的。

3. 对学生思想品德的评价

对学生思想品德的评价主要指学生是否热爱中国共产党、热爱社会主义祖国，是否培养了美感和文明行为，并逐渐养成遵守纪律、尊重他人、团结友爱的习惯等。

（四）排球教学的客观条件

排球教学条件评价对排球教学的效果有着非常大的影响，所以在评价排球教学效果的过程中是非常重要的内容。排球教学条件评价的内容主要包括排球教学场地和器材的配备、排球教学经费占教育经费的比例等[①]。

1. 排球教学场地和器材的配备

排球场地和器材是进行排球教学的基础，因此，只有拥有良好的排球场地和器材，才能有效地教授排球课程，实现排球教学的目标。

2. 排球教学经费

一般情况下，排球教学的经费包含在体育教学经费当中，学校领导对体育教学工作的重视程度决定了体育教学经费的充足程度。因此，要让学校领导意识到学校体育工作的重要性，进而认识到排球教学工作的重要性。

五、排球课程教学效果评价的准备工作

为了做好排球教学效果评价，获得更加真实的评价效果，应做好以下几点准备工作。

---

①陶尚武.校园排球课程教学理论分析与创新[M].北京：九州出版社，2018.

（一）评价开始前的准备工作

评价开始前的准备工作主要包括以下方面。

第一，要对排球教学中整个评价指标体系的内容进行熟练掌握，并认真把握好整个评价工作的目的。

第二，做好宣传和动员工作，使排球教学中所有成员都能够积极、主动地参与到整个评价工作准备中来，并认真地做好本职工作。

第三，组织和建立有代表性的、强有力的评价工作领导小组和筹备工作组，明确职责、合理分工。

第四，根据所建立的整个评价指标体系中的内容要求来进行资料的搜集。

第五，对搜集来的资料进行分类、汇总，并建立相关的档案，然后对相关的原始材料进行核对查实。

第六，根据相应的评价标准，开展较为客观的、实事求是的自评活动。

第七，对自评工作中存在的缺陷进行修补。

第八，填写各类报表，并撰写自评报告。

（二）评价进行时的准备工作

评价进行时的准备工作主要有以下四点。

第一，选择其中最具有代表性的人员来做好针对评价的汇报工作。

第二，与评价组一起协调与配合，共同做好各项考查、测试、座谈等的组织工作。

第三，组织相关人员认真听取评价结果和评价建议。

第四，搞好会务接待工作。

（三）评价结束后的工作

评价结束后的工作主要有以下两点。

第一，根据相应的评价结果、分析和建议，认真地制订相应的整改方案。

第二，对整改方案进行有步骤、有组织、有措施的落实。

六、排球课程教学效果评价的具体步骤

（一）制定教学评价目的

制定教学评价目的是进行排球教学评价的首要环节。排球教学活动是在一定的目的指导下进行的。排球教学评价的具体目的不同，评价的内容、组织形式和方法也不同。

（二）成立教学评价小组

排球教学评价小组是进行排球教学评价的主体。成立排球教学评价小组时，要依据具体的情况确定组织的性质、规模及其人员组成。排球教学评价小组或评价机构可以是具有连续性和稳定性的，也可以是临时性的。但是，无论是什么样的评价小组，都必须具有一定的权威性。排球教学评价小组一般由分管领导和排球专家组成。

（三）制定教学评价指标体系

制定教学评价指标体系是进行教学评价的关键步骤，通过建立相应的评价指标体系，可以更加清楚地反映排球教学的过程，对教师的排球教学进行科学反映。确立指标体系时，应该遵循科学合理的原则，恰当地使用相应的评价指标。

（四）搜集教学评价信息

搜集评价信息也是实施排球教学评价的一个重要环节。在排球教学评价过程中，搜集评价信息的方法主要有以下五种。

1. 问卷法

评价者通过书面调查评价对象而获取评价信息。

2. 测验法

评价者依据评价内容编制一定的等级量表和标准的试题，用以搜集评价信息。

3. 访谈法

评价者依照访谈提纲，通过和评价对象面对面谈话或者是小组座谈会的方式直接搜集信息。

4. 观察法

评价者依据指标内涵的要求和评价对象的特点，有目的、有计划地直接进行自然状态下或控制条件下的观察，进而获取评价信息资料。

5. 文献法

评价者通过查阅与评价对象有关的文字记载的材料，进而搜集评价资料。

（五）分析教学评价结果

在搜集了相关教学评价的资料后，就要对其进行加工处理。只有对评价资料进行加工处理，才能做出科学的、正确的判断。同时，指出评价对象的优点及其存在的问题，并分析原因，进而提供改进办法和措施。在实施评价的过程中如发现方案有缺陷必须及时修正。

第三章　排球教学方法创新与实践

排球教学方法的创新与实践旨在提升教学质量、激发学生兴趣、增强学生技能，并促进学生全面发展。通过教学方法和实践的创新，排球教学能够更好地适应新课程改革的要求，满足学生多样化的需求，有效提升教学效果和学生的学习体验。本章主要是对排球教学方法创新与实践等进行深入的阐述。

第一节　排球课程教学方法分析

一、教学过程结构呈现型教学法

教学过程结构是指教学活动各组成环节之间在时间方面有机联系或相互作用的方式或顺序。这类教学模式的典型代表是程序教学法，即"小步子"教学法。自北京体育大学钟秉枢教授开始研究之后，各院校教师在术科课教学中进行了较为普遍的尝试，也是目前在高校排球课技术教学中运用较多的一种教学方法。教师在教学的过程中，使学生明确学习目标，激发学生学习动机，培养学生自学能力；运用控制论、反馈理论和方法，把教学内容分为若干技术环节，一步一步地呈现给学生，加强对学生所学技术、技能和理论知识的控制和掌握；依据学生完成动作的实际状态和行为效果给予及时的确认和评价，正确的进入下一技术环节的学习，错误的返回同一动作的重复练习，依此控制技术教学的全过程，逐步练习以便于学生掌握较为复杂的技术动作，完成教学任务[①]。

二、师生行为互助型教学法

"教学过程是一种引导的过程"，所以要强调教与学的统一，强调教师

[①] 田琳. 高校排球教学效果影响因素及其优化策略探讨[J]. 冰雪体育创新研究，2021(22)：93-94.

在教学中的引导地位。此类教学方法重视学生的主体性和知情智力的统一，让学生自觉、主动地探索，教学重心从教转移到学上，是对"教师讲授，学生接受"传统教学法的根本改革。这类教学模式的典型代表是发现式教学法和学导式教学法。

（一）发现式教学法

发现式教学法是美国著名心理学家布鲁纳提出的，是指学生在学习概念和原理时，教师只给他们一些事例和问题，让学生自己通过阅读、观察、思考、实验、讨论等途径去独立探究，自行发现并掌握相应的原理和结论的一种教学方法。其教学结构，由教师创设问题环境、学生提出假设或答案、验证假设、得出结论四个环节组成。

（二）学导式教学法

学导式教学法是以发展学生的智能为目的、引导学生自习的一种教学方法。其教学结构由学生自学、学生解释、教师精讲、学生演练四个环节构成。北京体育大学李安格教授在理论教学中广泛运用学导式教学法，取得了良好的教学效果。目前，这类研究成果有邱衍东的学导式教学法在排球技战术教学中的应用与研究，刘强的学导式教学法在排球垫球技术教学中的应用等。实践证明，此类教学法符合教师在教学中的主导作用和学生主动性相结合的教学基本规律，调动了学生学习的积极性，提高了学生的自学能力。上述两种教学方法的实现，要求教师必须依据教材特点和学生的具体实际，精心设计教学过程的每一个环节，努力创造一个有利于学生学习的良好环境。

三、反馈控制型教学法

教学质量的高低主要取决于教学过程中的控制，教学过程的控制是通过信息的传递和反馈得以实现的[1]。反馈控制教学法是运用控制论、反馈理论相关知识和原理指导排球教学的一种教学方法。这类研究成果主要有：刘振忠的同步即时信息反馈强化控制排球普修课技术教学研究，谢欣发表的论文的试论负反馈控制理论在排球教学的作用，楼中山的试述信息反馈在排球教学

---

[1]李美娜.排球扣球技术教学教法探讨[J].山东体育学院学报，1998（4）：76-78.

中的运用等。这类教学法从宏观和微观方面对教学过程进行了有效调控，运用课堂教学反馈和阶段性反馈控制教学，使整个教学过程更为科学化和系统化，发挥学生在教学中的主体作用，激发学生学习的积极性和主动性，培养了学生观察、分析、解决问题的能力，提高了课堂教学效果。

四、现代教育技术型教学法

教学手段的现代化是教育现代化的一项重要内容和标志。运用现代教育技术，借助现代教学手段和方法等展示教学过程，是当前教学法的发展趋势[1]。使用现代化教育技术和手段，有利于改进教学方法，促进教学观念的转变、教学内容的改革，提高教学效率和效果[2]。如王红英的微格教学法在排球普修理论教学中的实验研究，王朝群等的多媒体CAI课件应用于排球技术教学中的实验研究，李忆湘发表的论文录像——反馈控制法在排球普修课发球技术教学中的应用研究等。这类教学法以电化教学的形式形象地阐述了排球技术教学中学生常犯、易犯的错误动作及其纠正方法，通过对学生录像资料的分析和评价，为学生提供"求知"和"探索"的环境，提高了教学效果，优化了排球课程的教学改革。

五、排球课程教学方法的发展趋势

《中国教育改革和发展纲要》中指出，优化课程结构改革课程内容和教学方法，加强教材建设，注重学生素质和能力的培养，增强学生对社会需要的适应性是我国教育改革的基本目标。这为现代排球课程的教学研究指明了发展方向。

（一）重视现代教育技术的运用

现代教育技术是指以计算机为核心的多媒体一体化的教育技术。随着现代信息网络技术的发展，在物质层面上，人们把教育技术装备列为教育现代化的指标；在课堂教学层面上学校把现代教育技术的应用当成应用现代化教学方法的标志。教学方法的技术化成为世界范围的一种基本趋势。

---

[1] 余敏克.排球教学训练的研究现状与发展趋势[J].武汉体育学院学报，2000（6）：40-42.
[2] 王红英.微格教学法在排球普修理论教学中的实验研究[J].武汉体育学院学报，2003（1）：127-128.

（二）重视实现学生的主体性

学生的主体性是指学生在教育活动过程中作为主体与客体的地位、能力、作用和性质，核心是学生学习的能动性和自由个性。在教学实践中，教师引导学生发现问题、分析问题、解决问题，培养学生自学、自训、自我调节能力，不仅还学生主动学习的地位，使教学过程成为学生积极学习、能动发展的过程，而且在学习上重视学习过程的体验和自由个性的实现。

（三）教学方法的模式化

教学方法从根本上讲是人们对教学活动的一种特定态度、意向和操作[1]。在多元化的背景里，方法走向模式化出现了多种多样的教学方法性质模式。每一种教学模式由主题、目标（手段）、程序以及评价等部分组成，使得教学方法涵括了具有一致性的新的心理学理论、新的教学价值观、新的教学内容观以及新的教学方法观，为操作性教学方法的创新、发展奠定了坚实基础。

教学方法是教学过程整体结构的一个重要组成部分，是教学的基本要素之一。它直接关系到教学工作的成败、教学效率的高低和学生素质能力的培养。科学合理地选择和采用适当的教学方法进行教学是实现教学目标、完成教学任务的关键。在实际教学过程中，教师必须结合具体的客观条件和自己的主观情况进行周密计划，选用并组织具体教学方法的实施程序，方可取得优良的教学效果。

第二节　排球课程学练方法的创新设计

校园排球课程学练方法不仅对教学效果有显著作用，还对学生排球技能的提升有显著作用，所以创新设计校园排球课程学练方法很有必要。

---

[1] 顾伟农，丁世聪. "个案"教学法在体院排球基本技术教学中的实验研究[J]. 西安体育学院学报，2003（7）：88-89.

一、普修课教师与学生学练方法的创新设计

（一）普修课教师教与练方法设计

排球普修课教师教与练方法是指在排球教学过程中，教师根据排球教学的目的、任务、内容和学生的身心特点所采用的教学措施和手段，以及为了掌握与巩固技术与战术运用所设计安排的练习方法。

在排球教学过程中，教师选择和应用的教学措施与手段，以及确保学生充分掌握各项技战术而设计安排的练习方法大体包括几种类型：第一，根据练习目的能够分为目标达成练习法；第二，根据练习效果可以分为兴趣练习法；第三，根据练习活动量可以分为循环练习法；第四，根据教材学习过程可以分为完整与分解练习法[①]。

1. 技术、战术的教学与练习方法设计

（1）基本技术的教学与练习方法设计。

基本技术的教学与练习方法设计的基本原则是排球教师应当在遵循排球技术学习规律的基础上完成方法设计工作，以及排球教师应当在分析和参照排球技术特征的基础上完成方法设计工作。

对于技术、战术的教学与练习方法设计，教师的教学与练习方法设计，会分为以下几个阶段[②]。

①开始接触与学习排球技术的阶段。这个阶段从第一次课的学习开始，至第三次课左右时间止。这个阶段教师面临的是初次学习排球的学生，他们表现出来的主要共同特点是没有球感、不了解排球技术的击球方法。其中，男生主要表现为兴奋与随心所欲地完成击球；女生主要表现为想击球，但是害怕击球时手疼，产生畏难情绪而导致束手束脚。这个阶段不仅要充分激发学生参与学习的积极性，还要设法使学生掌握正确的击球动作方法，从而逐步形成良好的击球习惯。这个阶段的教学与练习方法示例包括培养学习排球技术兴趣的教学与练习方法，形成正确的击球动作方法，养成正确击球习惯的教学与练习方法。

[①] 曾黎. 排球教学方法与训练[M]. 成都：西南交通大学出版社，2015.
[②] 王红. 创新高校排球教学模式的路径探究[J]. 创新创业理论研究与实践，2020，3(18)：36-37.

②学习主要技术阶段。通常情况下，教师会给学习主要技术阶段预留十次课的时间。这个阶段往往是针对第一次学习排球运动的学生，学生们存在的共性特征是在实践过程中逐步拥有球感，慢慢熟练掌握排球运动技术的击球手段，在学习排球技术过程中经历了从不熟悉到熟悉再到喜欢这几个阶段。这个阶段教师的教学方法设计主要突出两个方面：一方面继续培养学生的学习兴趣；另一方面要强调学习正确的动作方法，形成正确的动作定型。

③技术学习的巩固与提高阶段。这个阶段训练与练习方法的设计原则是巩固基本技术、完善技术动作以及在对抗和比赛的场景中使学生灵活运用各项技术。在这个阶段教师比较常用的两种练习分别是：运用串联技术提高技术的运用能力，巩固基本技术，改进技术动作；在比赛条件下巩固加强技术的练习。这两项练习不仅能增强学生运用各项技术的能力，还能强化学生排球场上的意识。教师在指导学生练习的过程中，要反复重申练习认真动脑，不断提高动作的实效性和成功率，尽可能避免技术失误，减少练习出现中断的次数。

基本战术的教学与练习方法设计的基本原则是排球教师应根据排球战术学习规律进行方法设计。排球战术学习规律要求在一定的技术基础上进行战术学习，技术是战术的基础。设计的教学与练习方法就必须是有一定技术基础的战术组合的方法。例如，排球战术的显著特点是完成战术的时间短促、在一定的空间中完成战术，排球战术必须在三次击球之内。设计的就必须是注重时间与空间相结合的练习方法。

（2）基本战术的教学与练习方法设计。

对于基本战术的教学与练习方法设计，教师的教学方法设计分为以下几个阶段。

①开始接触与学习排球战术的阶段。一般来说，这个阶段的教学活动会在学生完成技术学习之后开展，建议排球教师在第五次课开始进行。这个阶段教师面临的是初次学习排球战术的学生，他们表现出来的主要共同特点是没有排球意识（包括战术意识、球场意识等），不了解排球战术是如何组成的及排球战术的特点。在这个阶段教师的教学方法设计主要突出两个方面：一方面培养学生的学习兴趣；另一方面在教学中反复引导学生逐步建立排球战术意识，形成正确的排球意识。这个阶段教学与练习方法的示例如下：一是培养学习排球战术兴趣的教学与练习方法；二是形成正确的战术组织方法，养成正确的战术意识的教学与练习方法；三是培养学习排球战术兴趣的教学与练习方法；四是培养正确的战术组织，初步形成正确的战术意识的教

学与练习方法。

②学习主要战术阶段。这个阶段的学习应当贯穿整个排球学习过程。这个阶段教师面临的是初次学习排球的学生，他们表现出来的主要共同特点是在实践中逐渐产生球感、逐渐了解排球各项技术的击球方法，并且初步了解了排球的战术组织方法。在学习排球技、战术过程中经历了从不熟悉到熟悉再到喜欢的阶段。这个阶段的教学方法设计不仅要坚持激发学生对学习排球运动的积极性，还要反复重申构建正确战术概念的重要性，使学生逐步形成良好的战术意识。

③战术学习的巩固与提高阶段。通常情况下，建议教师在学生掌握一些技战术的情况下开始进行这个阶段的教学，教师从第十次课后开始比较适宜。在这个阶段教师面临的是有了一定排球战术意识的学生，他们表现出来的主要共同特点是对排球战术的组成及排球战术的特点的认识只是固定的，是书本上的知识，是不稳定的。在战术学习的巩固与提高阶段，教师完成的教学方法设计应当高度重视这四个方面：首先，努力提高学生的技术，为战术的提高建立良好的基础；其次，在教学中，通过反复练习与比赛使学生逐步熟悉排球战术组织方法，形成正确的排球意识；再次，要在各种技术学习的过程中贯穿战术演示的培养，强调学习排球技术的目的性与对技术的运用意识，从而在学习技术的同时打下战术意识的基础；最后，教师在指导学生练习各项战术的过程中有意识地培养学生的战术意识，战术沙盘演示、电化教学等方法都有助于教师实现这项目标。

（3）排球战术教学与训练的注意事项。

排球战术教学与训练也有一些需要注意的事项，主要包括以下几点。

①开展战术教学与训练的前提是学生具备一定的技术基础。技术是战术的基础，应先教技术，后教战术配合，随着各项技术水平的提高和熟练，逐步学习较复杂的战术配合，同时，通过战术配合的教学反过来带动技术的提高。

②战术的实质是运动者对技术的运用情况。在练习技术时，就要贯穿着对战术意识的培养，掌握了一定的技术，将这些技术有机地串联起来，实际上就是战术配合。增强了个人战术意识，才能更好地发挥集体战术配合。

③把进攻与反攻有机融合起来。进行战术教学时，要先练进攻，后练防守反攻，要把进攻与反攻结合起来才能互相促进。

④选择综合素质高的二传手。进行战术教学前，要注意选好二传手，然

后确定阵容，根据学生的技术特点，确定全队进攻与防反的打法，逐步增加本队的战术内容。

⑤严格按照从简单到复杂的顺序。战术教学必须按由简到繁，由易到难，由分解到完整，分练与合练相结合的步骤进行。对初学者进行战术教学时，应在其掌握发球垫球技术之后再进行。开始学习以"中二三"进攻战术为基础，同时掌握单人拦网下的防守战术，在此基础上学习"边二三"进攻战术及1号位队员"插三二"进攻战术，再学习双人拦网下的"心跟进"防守战术和"边跟进"防守战术[①]。

2. 提高实践能力教学与练习的方法设计

对于排球普修课来说，培养学生的实践能力是一项重要任务。从某种角度来说，对学生实践能力培养有助于教学过程逐步演变成培养和增强学生创新能力的平台。具体来说，在教学过程中要根据排球课程的学习目标，根据排球课程的竞技性、游戏性、健身性、集体性特点，培养学生具有组织学校和社会球类活动的实践能力，运用各种形式和方法指导大众进行健身活动。在教学中要帮助学生建立自主、探究和合作的学习方式，加强理论与实践的结合，使之具备从事球类运动教学与组织活动的能力。

（1）提高教学组织能力教学与练习的方法设计。

教师主要通过指导学生看书学习与思考练习等形式进行方法设计。指导学生看书的重点：第一是学习如何根据教学的目标进行组织教学，在组织教学的过程中主要突出组织的方法，如组织队形、练习的队形等；第二是在教学过程中如何提高教学能力，主要突出教学方法，如讲解与示范的方法，观察技术学习过程的技术动作，并进行适当的评价，然后根据评价的结果进行相应的纠正错误动作的练习方法。

教师主要通过排球实践课的学习来提高学生教学组织能力，具体方式如下。

第一，通过安排学生进行组织准备活动的实践来提高其教学组织能力。组织准备活动是学生提高自己实践能力很好的机会。在实践过程中，学生可以有效地提高队伍的组织安排、队形变换、发出口令、组织游戏活动能力。

第二，排球教师指导学生观察和评价同学的技术学习动作，由此提升

[①]张然. 新编排球训练纵谈[M]. 南京：河海大学出版社，2019.

学生发现问题的能力以及纠正错误的能力。在校园排球课程教学的实践活动中，学生可以有效地提高发现技术学习过程中动作掌握的问题和纠正错误的教学能力，在学习过程中学生提高了对正确与错误动作的认识与甄别，能初步评价同学的技术动作，这是提高学生教学能力的重要基础。

（2）提高裁判能力及场地器材管理能力教学与练习的方法设计。

教师主要通过理论讲授和指导学生看书等形式进行方法设计。理论讲授和指导学生看书的重点：第一是排球规则的概念；第二是排球临场裁判方法（三级水平）；第三是场地器材知识。

教师主要通过排球实践课的学习来提高学生裁判能力及场地器材管理实践能力，具体方法如下。

第一，通过安排学生进行组织比赛来提高其组织比赛能力。组织比赛是学生提高自己实践能力很好的机会。在实践过程中，学生可以有效地提高自己组织比赛的实践能力。

第二，通过安排学生进行比赛的裁判工作来提高其临场裁判的实践能力。在教学过程中一般运用两次课进行裁判实习教学活动，实习的主要内容是临场裁判的手势、哨音的运用。教师主要进行指导与讲评。

第三，在排球教学的各个环节都大力培养学生场地器材管理实践能力，具体有对场地的认识、场地的画法、丈量网高等方法。

（二）普修课学生的学与练方法设计

1. 概念

分析现阶段的教学方法能够发现，学的一面被置于比以往任何时代都重要的位置。高度重视如何学和怎样学是现代教学方法研究的鲜明特色之一。换句话说，现代任何一种新的教学法，如果忽视了怎样调动学生学习的主动性和积极性，那么其可接受性便值得怀疑。在教学实践的过程中，学生学习方法与练习方法的产生源于学生的学习过程，这个过程是能动的、思索的、以学生为主体的过程，教师在这个过程中起到催化剂导向的作用。

2. 学生学法

（1）观察与模仿法。

人对事物的认识，首先是从感觉器官对事物的感知开始的。教育心理学试验表明，一个正常人的五官对知识的吸收率，用眼睛所接收的信息占83%，用耳朵所接收的占11%，以上两项共占94%；用鼻子闻占3.5%，用舌头尝占1%，用手或肢体接触占1.5%。很明显，在学习中应加强视觉和听觉的结合。作为学生，在排球学习过程中，应注意利用一切机会，尽可能多地观看比赛、录像中运动员的技术动作、课堂上教师的动作示范或教具演示，充分利用自身的视觉、听觉、触觉等本体感觉功能，以求脑海中再现鲜明、生动、深刻的技术形象，建立正确、完整的动作表象，通过对所学知识、技术动作的模仿、练习和再认识，进而获得运动技能[①]。

（2）认识学习与理解法。

从教育学理论的视角来分析，认识学习就是指接受并加工和体育存在关联的知识和理解。对于体育教学来说，认识的学习范围主要由运动、实践、体育科学三个部分组成。

运动实践比从事一般的体育教学需要更多的认识理论和科学知识。当然，除了运动知识之外，分析的知识也是认识学习的一个组成部分。学生是认识活动的主体，在排球教学中，也要通过语言、文字来学习和掌握间接经验，要注意阅读有关的专业书籍或教材，学习一些理论知识，并认真听取教师对动作要领、技战术方法的分析与讲解，努力做到"既知其然，又知其所以然"，用理论知识指导运动实践，从而提高自己的学习效果和技术、战术水平。

（3）练习法。

练习法是根据学习任务，有目的地反复做一些动作的方法。在排球教学中，进行反复练习，是掌握改进技术动作、形成动作技能的基本方法。一般情况下，在练习的过程中必须达到一定的量的积累，才能产生质的提高，才能促进中枢神经系统和各器官系统的发展，提高机能能力，发展各种身体素质，增强体质，以及培养勇敢、顽强、坚毅和团队精神等优质品质。

（4）自评法。

自评法是指学生个体在练习过程中，对自己学练的标准、质量与效果进行判断，进而采取控制与调节的一种方法。它包括目标评价法、动作评价法、负荷评价法、效果评价法等。自我评价在体育专业排球普修教学中的应用价值主要体现在：教师通过引导，使学生对自身学习态度、学习行为和学

---

① 张然. 新编排球训练纵谈[M]. 南京：河海大学出版社，2019.

习阶段性成果进行及时的评价、及时的反思，反馈于专项的教与学，从而达到培养学生排球兴趣和主体意识，提高课堂上教师教和学生学的效率，促进学生排球运动的学习能力和专项技术的发展，完成普修达标任务和全面提高排球运动相关综合素质能力的目的。

（5）咨询与交流法。

当学生完成直观动作演示并深入理解之后，应当积极参与练习。经过练习、思考、理解后，学生一定会发现多种问题，学生应当积极练习并思考各种问题，自觉和教师、同学进行咨询和交流，由此加深对各项动作的印象和认识，积累多项经验，此外还可交流各自获得的经验。

（6）纠正错误法。

排球教学中，学生在掌握技术动作时，可能会出现一些错误动作，应该注意预防和纠正。这就要求学生熟悉动作要领，建立正确的动作表象。一旦出现错误动作，则应虚心向教师或同学请教，抓住主要错误予以纠正，纠正得越及时越好。

3. 学生练法

（1）基本技术的练习方法设计。

在基本技术的各个阶段，学生应当独立设计多元化的练习方法来完成自我学习，从而更高效地掌握各项排球运动的技能。

①开始接触排球、培养排球兴趣的学习阶段。这个阶段的学生开始接触排球，进入从不会打排球到学习打排球的阶段。这个阶段的学生的学习特点表现为两方面：其一，初次接触排球有一定的兴奋感觉，能比较自觉地进行练习；其二，初次学习，对排球不了解，特别是女生在手接触球后有疼痛感，产生畏难心理。针对具体的心理表现与学习特点，这个阶段的学生学习的学、练方法设计主要从培养自己的学习兴趣和适当的触球练习开始，并辅以对手的保养知识及排球运动损伤的预防知识的学习。

②学习与掌握基本技术的学习阶段，这个阶段的学生从开始接触排球到学习排球基本技术的阶段。这个阶段的学生的学习特点表现为三方面：其一，在学习排球技术的过程中有一定的兴奋感，但对学习比较茫然，特别是如何掌握排球基本技术，不会练习；其二，由于排球基本技术的特点要求导致排球基本技术比较难掌握，特别是对击球的手法与步法、击球点、击球的

部位等概念不清、把握不准，因此产生畏难心理；其三，基本技术学习阶段练习比较枯燥，学习兴趣逐渐磨灭。针对这个阶段的学生学习的具体心理表现与学习特点，学生学习的学、练方法设计主要从介绍合适的练习方法入手，辅以规范的动作练习及多样生动的练习方法，来提高学生的学习兴趣和掌握规范的技术动作进行[①]。

③巩固与提高基本技术学习阶段，排球基本技术的特点要求导致排球基本技术比较难掌握、学生的时间与空间感还没有建立、对空中飞行的球还不会判断，因此在学习技术与掌握技术的过程中经常出现反复，学生的心理主要表现为情绪不太稳定，技术掌握情况好时沾沾自喜，技术掌握出现下降情况时信心下降。在进行学、练方法设计时要注意根据技能形成规律进行练习安排，提高心理的稳定性。练习方法设计的重点是提高练习的要求与难度，在多种练习方法中分化动作，提高动作的稳定程度，逐步达到较好地掌握技术动作的要求。

（2）基本战术的练习方法设计。

针对基本战术的练习方法设计，这里着重对排球战术学习阶段进行分析。

①在学习排球战术过程中有一定的兴奋感，但对排球战术比较茫然，在初步建立排球战术概念过程中没有实际运用的体会，还没有建立战术意识，由于战术练习的特点，还没有掌握排球战术练习的方法，表现为不会练习。

②由于基本战术学习阶段的练习相对枯燥，所以会在一定程度上减弱学生的学习兴趣。

针对这个阶段的学生学习的具体心理表现与学习特点，学生学习的学、练方法设计主要从选择合适的战术练习方法入手，在提高学习兴趣和掌握战术的概念中逐步建立正确的战术概念与战术意识。

二、专修课教师与学生学练方法的创新设计

（一）专修课教师教学与训练方法设计

排球专修课是体育学院体育教育专业学生的必修课程之一。排球专修课程长，一般有两年的学习时间；课时多，每学期有64~72学时，总共有

[①] 王健. 高校排球教学理论与方法研究[M]. 北京：团结出版社，2018.

210~232学时；学分分值高，每学期有2~4学分，总共有12~16学分，占全部必修课程的10%。排球专修课具有课程长、课时多、学分高的特点，对体育专业学生来说是非常重要的一门主干课程；专修课的主要任务要求学生在普修水平的基础上，从理论知识的深度和广度、技战术的运动技能到竞赛裁判工作能力等方面进一步深化，在学习的过程中，要求从会学、会练到会教的多方位能力得到同步提高。这是专修课有别于普修课的最大特点。排球技、战术的教学与训练是排球专修课的主要任务之二，也是学生学习的主要过程，在这个过程中，教师的教法是否得当，教学要点、难点是否突出，教学方法、手段是否适宜，直接影响教学效果；对于专修班的学生来说，在掌握与提高技、战术的同时，还要学习技、战术的教学方法、训练方法，为今后的教学与训练工作打下坚实的基础。因此，担任排球专修课程的教师应当拥有丰富的知识面、娴熟的排球运动技能和较强的教学与训练能力。当排球教师具备这些能力后，才能顺利完成各项教学任务，使专修课的教学效果有所改善。

教师的教学与训练技法是指教师与学生的教学沟通能力和教师给予学生各种辅助训练的技能。排球专修课教师根据不同教学阶段、不同教学目的任务适时地与学生进行合理地教学训练交流与沟通，并通过实施各种有效的辅助训练，使学生的排球专业理论知识与技战术实践等各方面能力得到全面提高。教师传授知识、技术技能最重要的方法，其一是通过语言交流吸引注意力和给予技术与战术的指导，其二是提供学习和训练模式与方法。教师的教学与训练技法通常有语言和非语言交流形式，教学和训练形式以及教师辅助训练技法形式。

1. 教师与学生的教学沟通技法

（1）语言（口头）型沟通技法。

语言型沟通技法是教师与学生面对面地运用口头形式进行交流的技法，主要运用于课堂教学。语言沟通是教师与学生之间一种最直接的表达方式。教师的口头表达能力对教学效果有很大的影响[1]。一般来说，讲授、提问、答疑是排球教学课中口头表达的常见类型，具体如下。

---

[1]温宗林. 阳光体育理念下的排球教学与训练[M]. 哈尔滨：哈尔滨地图出版社，2019.

①讲授。讲授是教师在教学过程中传授知识时最常用的语言形式，也是传递知识的基本形式。教师在课堂教学中无论进行排球专业理论知识的讲解还是排球技战术实践训练的讲述时，至少要明确所讲的基本任务。

②提问。提问是教师在课堂教学中对学生从已知或未知的知识中提出问题所采用的一种教学沟通形式。适时地进行教学提问一方面可以使学生在课堂上集中注意力，另一方面可以促进学生认真地复习与巩固已学知识、主动地吸收与接受未学知识，能够有效地提高学生的学习效果。这种沟通形式要注意以下几点。一是提问的时机；二是提问的内容和对象可以采用提问学过的、未学过的；三是提问成绩不同的学生；四是提问知识的重点和难点。

③答疑。答疑是教师在教学课堂上对学生提出的问题进行解答的另一种教学沟通形式。教师在教学中不要过于强调计划性，否则很难应变课堂上突如其来的变化，尤其是技术实践课，因为学生会提出各种各样意想不到的问题。因此，教师在备课时要考虑更多的问题，而教师具备丰富的知识和随机应变的能力在答疑时显得极为重要。

答疑的常见方法及作用如下。一是教师通过学生提出的问题，从深度和广度进行全面的分析与解读，使学生能够进一步对排球理论知识和技术动作、战术意图等进行充分的理解和熟练的掌握与运用；二是根据学生提出的问题，教师参与启发、利用学生相互解答，实现课堂教学中教师与学生之间的教学互动，营造良好的学习氛围，促进学生养成主动学习的行为习惯；三是教师将疑难点给予学生，使其在一定范围内解答，而主要对重点、难点、思路方面进行提示，以激发学生积极思考，大胆设想，勇于创新，培养学生能够将提出问题、分析问题和解决问题的能力始终贯穿于全部学习的过程中[1]。

还需要注意的是，语言沟通型技法在教学中的运用取决于教师的知识和能力，教学思维方式的正确与否会直接影响知识传授的科学性、逻辑性与实效性，教师的思维方式反映了自身的基本素质和理论知识的功底。如果教师的讲述富于逻辑性、条理性，可以促进学生对新信息的接受，从而有利于学生学习。

在校园排球课程教学的过程中，教师进行语言沟通时，应当注意以下几方面的问题。一是讲述要注意教学内容的信息量、知识点的广度、深度和多

---

[1]温宗林.阳光体育理念下的排球教学与训练[M].哈尔滨：哈尔滨地图出版社，2019.

维度，要考虑内容表述的逻辑性、条理性及思想性，特别强调要注意讲述的清晰度、严密度和动听度；二是提问要根据不同教学对象、不同教学阶段的侧重点、不同教学目的的要求等情况有针对性地提出问题，要考虑提出问题的难易度，应注意采用提问的方式，合理运用提问的时机；三是答疑要根据学生提出问题的内容、课堂教学情况、学生的学习状态、教师自身的答疑状况等随机选择更有效的方法进行解答，避免给学生带来负面影响。

语言沟通型技法主要是在课堂教学中教师与学生面对面进行的一种最为直接的口头交流，教师要特别注意语气、声调、发音、表情、态度等的合理表现，尽量做到讲述声情并茂、语音轻重有度、语调高低适中、语速快慢适度、吐字准确清晰、用词通俗易懂、表情呈现自然、态度真诚恳切，从而带动学生以更加积极的态度参与到排球课程教学中。

（2）书面（文字）型沟通技法。

书面型沟通技法是教师与学生通过笔记书面形式进行交流的技法，主要运用于课后。书面沟通是人与人之间通过文字形式表达的一种方式。教师的逻辑思维、词与句的条理性、文字书写能力等在一定程度上反映出自身的工作作风和个性特点，给学生以潜移默化的影响，而且对学生更具有直接的教育作用；同时对学生在今后的体育写作（毕业论文的撰写）方面也有着十分密切的影响。在教学课后一周、两周或一个月进行一次笔记书面交流。笔记类型包括教师的课后教学小结和学生的课后训练小结。

教师的课后教学小结内容主要包括以下几个内容。

①教学任务完成情况，主要分析在课中所运用的教学方法是否能够达到预期的教学效果及教学目标。

②教学手段方法的合理性，根据课的教学目的任务，分析所采用的教学手段在本次课中给予学生在学习与训练的可行性（是否兼顾能力较差的学生，兼顾到男女学生），找出不足或设想更有效的方法，为今后提高教学质量奠定基础。

③学生课中的学习情况，从学生的出勤和见习人数情况、学生进行训练的积极性高低、学生完成训练的质量好坏等方面的问题进行分析。

需要解决的问题，主要对组织教学手段的改进、安排教学内容难易程度的调整以及针对学生各方面情况考虑需要解决的问题和解决的方法。

学生的课后训练小结（通常记录）主要包括以下几个内容。

①自己学习训练情况，学生将教学课中的训练内容、训练方法、训练目

的要求进行文字描述记录；学生及时地进行自我评价，包括学习态度、掌握情况以及与同学、教师的合作情况等。

②评价教师的教学，评价教师的教学主要是评价其教学知识水平、教学组织运作能力、教学运动技能、教学态度作风表现等。

③课堂学习环境和氛围情况，教师与学生在教学课堂上的互动情况，在教与学双边是否营造积极向上、你追我赶的竞争意识、团结协作的团队精神等。

④需要帮助与解决的问题，学生自己对理论知识的理解或技战术运动能力的掌握，需要帮助与解决的问题；班、组同学以及教师方面需要解决的问题。

⑤意见和建议，允许学生在各个方面提出各种合理性意见和建议。包括教师的为人师表、教书育人、教学工作作风、教学水平等，同学的学习表现等方面的问题。

（3）网络（互联网）型沟通技法。

网络型沟通技法是指教师与学生利用网络平台形式进行交流的技法，主要运用于教学课前、课后。互联网技术的发展为人类社会各个领域带来巨大挑战和机遇，教育行业也不例外。互联网与教育的结合充分体现出自由平等的观念，教师可以和学生利用网络平台进行交流、共同学习与研究；另外，也体现了个性化特点，教师和学生在教与学的过程中有了更多的选择，可以充分发挥个人的才智和创造性；互联网与教育的结合打破了原有时空的概念，为教师和学生在教与学的过程中开辟一片全新的天地。网络型沟通形式通常表现为收发电子邮件（创建教师、学生信箱平台）或进行直接的可视化交流（设立体育聊天室）等[①]。

通过网络平台，教师可以公布专修课程安排、阶段性的教学内容、任务及要求等，让学生能够全面了解并共同参与教学计划的设置安排，增强学生在教学过程中的主体性和主导性；教师要成为网络体育信息的搜集者、发布者和传播者，可以及时地提供作业题、讨论题和思考题等，与学生共同学习、共同研究、共同探讨；师生通过网络沟通参与排球教学活动，不仅有助于学生增强参与排球运动教学的积极性，也能够借助网络沟通方式共同开创集资源型、研究型、协作型于一体的教学环境。

---

①高勤. 排球运动的多元化发展与教学创新研究[M]. 长春：吉林大学出版社，2016.

通过体育聊天室可以增进教师与学生之间、同学之间的关系，进一步融合并加强思想感情的交流，有利于创建和谐的教学课堂；师生或同学之间相互可以及时地进行各方面意见和建议的交流与反馈，有利于培养团队的合作精神。充分利用互联网与教育的有机结合，体现21世纪教育理念更新、教学方式转变、师生关系平等的新型教育观念。

（4）非语言（身教）型沟通技法。

非语言（身教）型沟通技法表现有以下几种。

①淳朴自然的表现，言谈举止要讲文明、讲礼貌；衣着打扮要适合上课场合或便于技术实践课的运动示范，为人真诚、热情、大方。

②工作作风的表现，对自己处处严格要求，课前认真备课，课后认真总结，工作作风态度严谨，爱护和关心学生的成长。

③工作能力的表现，丰富的知识面，具备一定的教学能力和科研能力。

非语言（身教）型沟通技法的注意事项，一是排球教师应当具备坚持不懈的精神，所有时间都应当言行一致，做学生的好榜样；二是不间断地学习与接受新知识，自觉提高自身的综合素质。

2. 专修课训练辅助技法

排球教师的教练技法包括扣、吊、发、抛、掷单项技法和扣、抛、掷、吊连贯技法以及训练辅助控制技法等多种方法。其中，连贯技法的合理运用可以培养学生养成良好的前后动作和上下动作衔接习惯；同时，还可以培养学生及时预判和快速移动能力以及提高反应能力；在训练过程中教师能够很好地把握和控制每个辅助训练技法，对学生完成训练的质量有直接的影响。

（二）专修课技术教学与训练方法

1. 单项技术教学与训练方法

任何一项技术的正确掌握与成功运用，都离不开手、脚、腰、眼、脑等几方面的协调配合与良好发挥。如要卓有成效地完成扣球技术，就必须具备节奏清楚、适应性强的助跑起跳，动作合理、快速有力的挥臂击球，动作协调、控制自如的腰腹动作，以及贯穿整个扣球过程始末的视野反应和判断能力等基本功。

排球运动项目的基本功内容从广义上说可以概括为脚步、手法、视野、腰部和意识（思维）五个方面。它们之间的相互关系是：脚步是完成技术的基础，手法是击球动作的关键，视野是临场判断的依据，腰部是行动协调的枢纽，意识是运用技术的灵魂。从狭义上说各项技术都有它自己最根本、最关键的基本功。如发球的基本功为抛球和击球，传球的基本功为手形和手法，扣球的基本功为起跳和挥臂击球，垫球的基本功为手臂控制球的能力，拦网的基本功为对球的判断和拦网动作。专修课中教师要特别重视对学生进行各单项技术基本功的教学与训练。由于单项技术基本功的学习与训练比较枯燥、单调、乏味，因此，教师对学生进行各项技术基本功的教学与训练时要合理运用有效的手段、方法，以吸引学生学习与训练的注意力，激发学生学习与训练的主动性，提高学生学习与训练的积极性，增强学生学习与训练的兴趣。通常可以采用游戏法、比赛法、条件控制法[①]。

（1）游戏法。

排球游戏是以技术、战术、体能等练习为基本素材，以游戏为形式，以掌握提高排球技能为主要目的的特殊教学训练活动，是一种综合性较强的教学训练手段。在排球专修课中进行单项技术教学与训练时，适当采用或设定一些有趣的并有特定规则引导下的游戏形式，可以促进学生主动地进行由易到难的创新性学、练活动，同时针对学生特点，也可以增强学生的学习兴趣。

（2）比赛法。

按一定的规则要求分出胜负而进行对抗性训练的形式称为比赛法。排球专修课中进行单项技术的教学与训练时采用比赛法，可以提高学生的训练兴趣和积极性，同时还可以培养学生参与竞赛的意识。以个人连续发球比赛为例，具体方法是每人连续发10个球，计算得失分，得分多为胜者。个人连续发球比赛能够使发球技术动作朝着更加稳定的方向发展。

（3）条件控制法。

这是排球教学中，根据教学需要和学生学习情况，故意设定相应限制条件来控制教学走向的一种教学法。在排球专修课中进行单项技术教学与训练时，利用器材、规则、人等有意识地采用条件控制训练，可以提高学生对单项技术学习与训练的主动性和创造性。这里对发球单项技术条件控制训练法和扣球单项技术条件控制训练法进行举例说明。

[①] 陶尚武.校园排球课程教学理论分析与创新[M].北京：九州出版社，2018.

2. 串联技术的教学与训练方法

串联技术是排球五大技术之间综合性相联系的技术，它是组成各种战术的基础，因为只有上一个动作与下一个动作的紧密串联，才能形成集体配合。通过专修课中对学生进行串联技术的教学与训练，可以加强学生战术意识的培养并提高技术的临场运用能力，培养学生充分认识排球运动中快速的攻防转换规律（及时地防守对方的进攻，迅速转向对方发动有效的进攻）。为此，在教学中必须加强串联技术的训练，把它作为既是基本技术的训练，又是集体战术配合的重要内容和手段。排球各项串联技术大致可分为单项串联技术、多项串联技术和混合串联技术。通常采用的教学手段方法是多球训练、结合球网训练、对抗训练、比赛训练。

三、专修课学生的自行训练方法设计

（一）提高个人基本技术能力的训练方法

个人基本技术是由手法和步法两部分组成。个人技术能力指每个人在训练与比赛中能够熟练并合理运用各种有效的手法和步法的能力。

步法和实际练习方法具体如下。

（1）前排三个位置做移动拦网步法动作，做扣球的助跑起跳步法动作。

（2）在前排做上步扣球→后撤防守，原地起跳或移动拦网→后撤防守。

（3）战术扣球跑动路线和步法练习，后排左右弧线形移动步法练习。

（4）二传做行进间插上、后撤和不到位球向各种方向移动步法练习。

（5）面向墙壁，对墙发球→向上自垫再自传→原地挥臂扣球。

（6）面向墙壁，对墙扣球→向上自垫再自传。

（7）从端线至中线前进和后退做自传、自垫。

（8）从端线至中线做自传、自垫，最后传垫到前排起跳扣球[①]。

（二）提高战术意识的训练方法

个人战术意识指根据比赛的规律和比赛队伍双方的情况，能够随机应

---

①庞俊娣. 多元化教学法在排球技术教学中的应用研究[M]. 长春：吉林人民出版社，2021.

变，有判断、有目的、有预见性地决定自己与同伴的配合行动和应对对手策略的思维活动。由于个人战术意识是一种无形的技术，所以排球教师应当深入探究如何在日常教学与训练中实现该环节能力的自我提高。对于参与校园排球课程教学活动的学生来说，选用和自身情况相符的训练方法十分关键。

1. 学生个人战术意识训练方法

（1）到现场或者通过录像观看中等水平和高等水平的排球比赛，认真阅读有关的文献资料。

（2）写下教学训练和教学比赛中的个人心得体会。

（3）想象球场上的各个环节最适合采取哪些技术、战术方法。

（4）进行单项技术的战术性练习，如发球——发落球点、发球线路等。

2. 学生配合意识组合训练方法

（1）两人一组，面对墙前后相距1~2米站立，后面一人发球、前面一人接球，进行若干次后交换练习。

（2）两人在中后场根据判断防守同伴隔网自抛自扣球，再组织扣球。

（3）两人一组，相互用传、垫球方法从端线向前排推进，最后根据情况一人传球另一人扣球。

（4）三人一组，一人隔网中场发球，一人网前做二传，另一人接发球上网扣球，然后两人交换扣、传位置依次进行若干次，三人轮转练习。

（5）三人一组，一人前排任意位置自抛轻扣球，另外两人注意判断移动拦网并做自我保护动作。

第三节　多元反馈教学法在高校体育专业排球教学中的实践

一、高校体育课程的现状与发展

（一）高校体育课程教学改革的必要性

2001年6月教育部颁布《基础教育课程改革纲要（试行）》，文件中规定将课程过于重视知识传授的倾向进行改革，强调端正积极主动的学习态度，倡导学会学习、主动参与以及勤于动手，增强学生的学习兴趣，培养学生获取新知识的能力、分析和解决问题的能力以及人际交往与合作的能力。

现如今随着网络技术和多媒体技术的运用，学习节奏越来越快，我们的教育模式势必要适应新的特点和形式。新形势下的学校体育工作、体育教学逐步呈现人性化、智能化、多元化等特点，在体育课堂教学中，逐渐关注学生的特质和发展潜能，运用多元化的教学模式和手段，使学生在学习动作技能提高的同时，学生的身心健康发展得到促进，身体素质及体育活动参与的积极性也有所提升，助其完善健全的人格，以及注重培养学生各方面能力。这是当代体育课程教学改革的内容之一，也是今后体育课程教学改革的主要方向。

体育课程教学改革使现实的教学观和评价观得以改变，呼吁教师探究符合新课程理念的课堂教学模式，从而使课堂生动、富有趣味性，引导学生学会学习，改变学生喜欢体育而不喜欢体育课的尴尬现状，通过体育课堂去唤醒学生创新的潜能，去鼓舞学生创新的志向，让学生有所质疑、敢于提问，培养他们探索、发现、解决问题的能力和学习的兴趣，同时为终身体育打下基础，让体育惠及学生的一生。因此，工作在一线的体育教师，要改变课程实施注重强调接受学习、机械练习的现状，如何应用新型的教学方法深化高校体育专业课程改革来进行有益的探讨，旨在对高校体育课程教学改革的研究贡献自己的绵薄之力[1]。

（二）高校体育专业排球教学发展的需求

排球作为高校主流的三大球之一，排球课程是我国体育院校术科中的重要组成部分，在各高校的教学内容设置的课时量所占比例日趋上升。面对部分高校体育教学效果不理想的现状，我们体育工作者必须予以重视，丰富其教学内容，改进当今传统体育教学方法，优化课堂教学效果，利用先进的教育工具进行体育教学的探索，以及如何让学生形成良好的学习方式是当今排球课程发展的必然方向。技能学习操作过程中反馈调控的作用是至关重要的，在教学活动中通过信息反馈这种渠道，学生可以及时准确地知道自己的技术动作是否合乎要求。技能教学中的结果反馈可以引导学生矫正错误动作、强化正确动作，并鼓励学生完善其操作，作用尤为明显。

当今高校体育专业排球课程教学在让学生学习基本知识、技能与方法的

---

[1] 李元华. 高校排球创新教学与科学竞训研究[M]. 北京：九州出版社，2018.

同时，更重要的是在教学过程中，让学生学会学习。学生是课堂的主人，合理的教学方法能够更好地引导学生积极参与课堂，有效地提升学生自主性和积极性，培养学生良好的心理品质和创造能力。总而言之，把新理论和新方法融入体育教学中，改变学生对体育课旧的认识，丰富排球课堂教学，另辟蹊径，实现教学过程的科学、有效控制，提高排球教学质量，对于以后培养中小学体育教师、基层体育工作者、全民健身指导者、排球运动发展推动者以及培养各级别排球教练都发挥着至关重要的作用，为优化我国高校体育专业排球教学提供实践与理论上的参考[1]。

二、多元反馈教学的概念界定和理论综述

（一）相关概念界定

1."反馈"概念界定

随着科技的进步与发展，逐步创建了崭新的科学——"控制论"。"反馈"属于控制论的核心，控制论的创始人诺伯特·维纳（Norbert Wiener）认为反馈是把系统输出的一部分或者全部，经过一定的转换，送回输出端，从而对系统的输入和再输出施加影响的过程，具体来说，神经冲动由中枢神经系统传导效应器官，产生效应活动。接着效应的过程和结果形成对有机体的刺激物，引起传入神经冲动，心理学把这种效应活动所引起的传入冲动称为"反馈"。

2."多元反馈教学法"概念界定

多元反馈教学方法是运用系统论、信息论、控制论，结合现代教学论和心理学基础建立的一种综合教学方法，是一种非灌输式的、类似树状结构的教学法，教师和学生双方在和谐与协作的气氛下，教师引导学生完成应用知识和能力的发展为教学目标，坚持以教师为主导，以学生为主体，以训练为主线，"三为主"的教学原则，在教师与学生双方甚至教师与学生之外的，如教材、多媒体等多个属性之间的通过人的视觉、触觉、听觉等多元素信息刺激的相互作用、及时传递的一种多向的现代教学法。

---

[1] 王健. 高校排球教学理论与方法研究[M]. 北京：团结出版社，2018.

（二）多元反馈教学法的理论基础

反馈教学法研究会会长刘显国经过几十年的研究得出：反馈教学法的指导思想在于教师不再把学生视为"知识容器"，而是确认"学生是信息的主动加工者"；不再是机械地把知识灌进学生的头脑，而是要求学生积极主动学习。对如何学习进行自我检查、自我调控、自我评价。不仅对学生知道完整的结果提出要求，而且要对达到何种结果的步骤进行监控。总而言之，反馈教学法把教法与学法紧密结合，融为一体，统一结合在一起，获取最佳教学效果[①]。

随着知识经济的飞速发展，终身教育的普及和社会竞争化程度及个人社会生活复杂化程度的提高，学生的创造能力、专业能力、实践能力等逐渐受到人们的关注。多元反馈教学法是汇集信息论、系统论、控制论、教育心理学、现代教学论等原理创建的一种新型的综合教学法。以信息反馈为主线，把自学研讨贯穿始终，多元反馈教学改变了"满堂灌"的传统教学法，使课堂教学信息交流中由"单向传递"变成"多向信息互动"。学生在学习过程中将成果通过各种渠道输出，随后回收外界对他的评价，以此来检验技能掌握程度和学习的效果，从而在原有知识基础上进行调控和改善。此教学法是在教师的指导下，让学生通过学习与思考、总结与创造，然后输出已经掌握的知识。对学生进行检查、调控、纠正、强化，通过信息的反馈达到掌握知识、培养能力、发展智力的目的。

1. 多元反馈教学法的系统论基础

美籍奥地利生物学家贝塔朗菲通过不断探究创立了系统论，它是运用系统科学的观点和方法探讨反馈教学活动的理论，强调从整体上、事物之间的联系上把握、认识事物，并将其应用于教学活动中，有利于从根本上把握教学规律，实现整体优化的目标，从系统的结构以及动态的角度考察系统中各属性的有机关联，以实现整体的优化。要提高课堂教学效率，关键是教师在教学过程中尽最大可能地为学生提供有效信息。

2. 多元反馈教学法的信息论基础

从信息论角度考虑，信息反馈是教学活动的一个重要环节。所谓教学活

[①] 王薇. 高校排球运动教学与训练发展研究[M]. 长春：吉林出版集团股份有限公司，2022.

动是信息传递、辨识、再生和存储的过程。不同的信息形态（图像、文字、语音、电子信号等）在教学活动中发挥着不同的效应，将其综合利用可以扬长避短，丰富教学课堂，达到最佳的信息传递效果。课堂上信息传递是以教材为载体，学生是信息的接收者和反馈者。

反馈信息反映了教学实况的广度与深度，直接影响课堂教学的水平和教学指导的质量。教学信息反馈的途径很多，如学生的眼神、表情、举止、问答、练习、考题、测试等。教师在教学活动中采用多元反馈教学法及时纠正、及时进行调控，就能在教材、教师和学生之间建立起良好的信息通道，组织有效的信息交流，使教材内容形成信息流，通过信息渠道到达学生的大脑，存储起来，这样的课堂教学效果就会非常好[①]。

3. 多元反馈教学法的控制论基础

控制论的创始人诺伯特·维纳曾讲过，一个有效的行为必须通过某种反馈过程来获得信息，从而得出目标是否已经达成。这一过程必须随着取得系统输出的信息及偏离教学目标多少的信息，从而通过多次的反馈，给予信息，以消除不确定性。将此理论应用于排球教学，对于在教学过程中作为掌控者的教师而言，需要通过教学反馈来把知识信息的系统输出转变为系统输入，促进教学更好地适应学生的学习水平，让学生在自己设置的学习情境中将好奇心和求知欲全部激发出来，按照教学目标使学生的思维状态形成，呈现出以教师为主导、以学生为主体、以训练为主线的辩证发展教育学的最佳状态。

由此可见，教学反馈是影响教学质量相当重要的因素，是活跃于教师和学生之间的重要引子，是教师在执行教学计划过程中，把系统状态的真实情况反映出来，从而对知识信息再传递进行影响的过程。

综上可知，系统论、信息论和控制论三者紧密结合，包括概念、规律和原理都是紧密联系、相互渗透的，对应用于排球教学的实施提供有力的理论基础。

（三）心理学基础

一切技术都应有科学的基础，而教育活动最主要的科学基础是心理学。

---

① 高勤. 排球运动的多元化发展与教学创新研究[M]. 长春：吉林大学出版社，2016.

从心理学的角度来说，经常性地交叉进行"教授—反馈—矫正"，可以让学生避免长时间单一的心理活动，有利于学生保持高度集中的注意力。学生的学习兴趣、动机和态度决定了执行系统运转的效率。多元反馈教学法在教学实施中最大的优势在于，学生作为课堂的主体，在融洽课堂氛围中轻松地学习，达到最佳教学效果。教学过程中的多方反馈与适当的矫正，可减少前后误差的混合，克服思维定式负迁移的形成[1]。

（四）现代教学论基础

现代教学论认为，教师在教学过程中把学习的内容和如何去学习的信息传递给学生，通过接收传递的信息，学生在大脑中进行感知学的筛选，即剖析并思考，使得记忆形成，进而获取知识，再把知识输出（探讨、回答、作业、检测），吸取来自教师和学生的反馈，调控自己的学法，发展思维，与此同时教师不断收集学生反馈的信息，对新的信息再次调整，使课堂教学达到有效的控制。另外，在教学过程中，学生根据教师对自己的回答所做出的评价和提议来调整自己的学习，以及在同学之间讨论中得到启发使自己的思维得到发展，这种师生间的多通道相互交流以及信息反馈创建了新型的思维模式。

三、国内外多元反馈教学法的相关研究

（一）国内多元反馈教学法的研究现状

1. 多元反馈教学在体育教学领域的研究现状

随着体育教学方法的不断创新，反馈教学理论在不断地成熟，该教学理论在体育领域被广泛应用，根据各种文献资料，对近些年来关于多元反馈教学法应用于体育学科教学中进行归纳总结。

王德民为提高高校体育专业体操教学质量，探究并改进教学方法，通过对多元反馈教学法的基本原理，即控制系统、执行系统、反馈系统的多元化进行深入的研究基础上，应用文献综述法、数理统计法、教学实验法等研究方法，在高校体育专业体操课中应用多元反馈教学法进行教学实验研究，并

---

[1] 刘文学，李凤丽. 排球运动训练与指导[M]. 长春：吉林摄影出版社，2017.

对数据结果进行整理分析。结果表明，在体操课教学中应用多元反馈教学法对教学质量的提高有一定的效果，这一方法的运用能够使学生在完全掌握基本知识、技能和学习方法的基础上，使多种综合能力同时得到培养。

罗朝峰依据多元反馈教学法的理论基础，在教与学活动中的双向反馈形成反馈教学的控制循环系统，遵循跨栏技术的反馈规律进行教学的实施；通过对信息反馈的分析，有助于形成积极融洽的课堂教学氛围，学生的学习效果有了明显的提高。

吴喜娥多元反馈教学法在体育田径教学中的运用，是田径教学发展的重要方向，对教学质量提升和学生综合能力培养都具有非常重要的作用，以及当今田径课堂教学中信息封闭、信息流程的单向性和紊乱性具有指导意义，尤其是在教学中的信息反馈和评价机制的建立，帮助学生及时发现自身存在的问题，纠正并实现自身的进步和发展，对培养学生的创造性思维和综合能力提高有现实意义。

张再萍通过实验结果证明，多元反馈教学法在阳光体育长跑中的应用，可以整合利用长跑各因素之间的反馈，形成一种动态的循环系统，使学生在态度、兴趣方面得到改善，学生精神上富足，家长放心、领导安心、教师更有信心；充分说明反馈教学法能有效促进学校隐性课程价值目标的实现，既可能改变多元反馈教学法尚未在隐性课程中运用的现状，又有望构建一种新型的体育活动教育环境，实现自主探索、情境创设、多重交互、合作长跑等多种活动的开展形式，多方位充分调动学生主动参与的积极性，把能力的发展与课程目标的实现更好地结合在一起，并进一步推动阳光体育长跑活动在学生群体中的开展实施。

多元反馈教学法中借助使用多媒体课件，帮助学生把要学习的内容在头脑中形成更加清晰明了的动作成像，此教学方法所彰显出的巨大优势往往令传统教学无法比拟。郭强通过教学实验证明：把控制论中的反馈原理与田径技术结合具有积极的应用价值，此方法不局限于对某一阶段或是整个的教学过程实行控制，也用于某次课程的技术动作教学，能加快技术动作的形成，达到教学目的，符合当今体育课堂教学的实情，具有较好的实效性；教学中应用此方法既能有效地发挥学生的主体地位，又能展现教师为主导的作用，并对教学过程进行有效地控制[①]。

[①]王恒.排球教学与训练[M].哈尔滨：哈尔滨工程大学出版社，2016.

我国部分专家学者通过多元反馈教学法对于体育教学的应用性研究提出了相关问题的观点和看法，对体育教学效果产生一定的积极作用，该教学方法在体育教学改革领域中起到关键性的作用，是课程教学不断更新和发展的重要依据之一。实践证明，多元反馈教学法虽有待开发，但应该在体育教学中得到推广。

2. 多元反馈教学法在球类教学中实效性相关研究

近年来，我国学者关于多元反馈教学方法在教学中的应用进行了大量有价值的研究，对推动我国体育教学的发展有着重要的作用。我国高校教学方法研究的视野在不断开阔，课程教学的研究视角走向多样化，并不断地创新。其中王勇等研究提出：在篮球教学中运用多元反馈教学法，不仅能提高学生学习篮球的兴趣，还有利于学生对篮球基本理论知识的掌握以及技战术能力的提高，强化了学生分析与解决问题的能力，使学生的创造性思维能力得到培养，优化课程教学效果，教育质量也有了一定的提高。阎峰探讨多元反馈教学法应用于乒乓球教学的可行性，为此教学方法在体育教学中的推广应用提供依据。作者采用随机抽样法，并将其随机分为实验组和对照组，实验组应用多元反馈教学法，对照组采用传统教学法，学期末进行乒乓球单项技能测评及理论课测评。实验组正手平击发球、反手推挡、正手攻球及乒乓球理论测试成绩均高于对照组成绩，得出结论：多元反馈教学法应用于乒乓球教学中能够提高教学质量，值得推广应用。

方斌等通过16课时的教学实验后，得出以下结论：多元反馈教学法有助于网球技能的提高；多元反馈教学法有利于学生提高解决分析能力和培养良好的意志品质；多元反馈教学法能促进学生和教师更融洽地互动，加深学生对技术动作的理解，优化教学过程。

吴红邦就多元反馈教学法的概念、教学环境、教学目标、教学影响等方面，详细阐述此教学方法在体育教育专业羽毛球教学中的应用，总结出该教学方法能够有效地强化学生对羽毛球运动基本知识和技能的掌握，同时通过观看录像比赛可以培养学生的观察分析能力，并创造性地运用于实践中。

王首峰通过教学实验研究发现，多元反馈教学法比传统教学方法具有以下优势：使课堂的信息由"单向传递"变成"多向传递"，提高教师的纠错效率；有利于进行及时准确性教学评价；对足球教学效果有一定的提高。该实验结果也为其他体育课程的教学改革提供现实依据和有益的参考。

由此可见，多元反馈教学法在球类教学实践中具备可行性，但研究仅限于粗略地概括在教学中的应用情况，对于多元反馈教学法在排球课程教学实践方法应用的研究还比较少，本书试结合多元反馈教学原理，通过实践进一步探究教学方法在排球普修课程教学中的教学效果，来改变传统注入式体育教学模式，使课堂的信息由"单向传递"变成"多向传递"，帮助教师根据反馈的信息进一步调整教学方案，提高排球教学质量，以及为排球课程的教学方法改革提供必要的理论与实践方面的参考。

（二）国外关于该课题的相关研究现状

苏联教育家布鲁姆将教学与评价相结合，建立了教育评价理论模型——"反馈教学"。他认为，反馈信息主要是通过评价，这就要求教学与评价的统一。原始的教育只满足于小部分的学生达到学习目的，原因在于对反馈信息的不重视，使教学与评价相分离。他提到，许多世纪以来，教育被视为一个金字塔，在塔的最底层，较为年轻的或大部分成员有机会进入学校，但仅有少数人可以达到顶峰。

英国学者帕森斯等通过研究，目的是探讨提供视频和言语反馈对青春期的女排运动员的技术，将改善她们的起跳落地后对膝关节造成损伤的问题。结论证实，增加视觉和言语的反馈，对青少年女子排球运动员生物力学执行技能有一定的积极作用。因此，视频和言语反馈可作为一个相对简单且具有成本效益的方法，加入全面预防前交叉韧带损伤计划，成为计划中的一个组成部分。米歇尔科利等关于学生对学习理论和临床学习经验的反馈的质量和可靠性的影响因素进行概述。护理教育工作者依据反馈信息进行调控，以确保积极的反馈和有效的教学实践。归根结底，反馈系统在护理专业的学生、护理教育者和各自的机构中有一定的积极作用[1]。

凯利的实验研究采用视频反馈法来提高骑手骑马技巧。干预包括视频记录整个过程并及时反馈给骑手和指导员，骑手和指导员回看提供视频反馈。训练实验后，实验参与者得出此方法适用于骑乘的技能训练。对于所有参与者，视频反馈均对骑乘技能的提高有一定的促进作用。

以上研究表明，多元反馈教学法对于不同教学内容的教学均有一定的促进作用，国外学者的研究视角多样化，研究的内容丰富化，学者们通过借助

---

[1] 陈诚. 现代排球技战术与实战训练研究[M]. 西安：陕西人民教育出版社，2019.

多媒体技术应用于教学中,通过对运动技能产生一定的效果,使反馈给使用者对动作的规范化和准确性都有较好的促进作用,对此新型的教学手段做出了较高的评价。

四、多元反馈教学法在排球技术教学中的选取与实施

(一)多元反馈教学法在排球实践课准备部分具体操作

在课程准备部分,实行全体学生轮流担任制度,每人在课前手写一份准备部分的教案上交,在准备部分严格按照教案内容进行实践,此部分结束后教师进行点评并总结。采用师生互换角色体验,以此来锻炼学生的教育教学实践能力,激发学生的创造性思维,促进学生与学生之间的沟通与交流,相互学习,共同成长。

(二)多元反馈教学法在正面传球技术中的具体实施

根据课上组织观看汪嘉伟和李丕鸣的经典教学视频后,即刻组织学生两人一组进行传球手型固定练习,一人持球置于规定位置,另一人做好传球手型进行传固定球手型练习。在练习过程中,学生间互帮互助,通过传固定球来规范自己的手型。两人相对,一人抛球,另一人做传球练习,教师巡查指导,对传球动作规范的学生及时表扬并进行展示。对于技术动作存在问题的同学给予帮助并指导,几次练习结束,对学生进行集中反馈指导,指出学生在练习传球技术时出现的一些相似的错误动作,找出原因,比如大拇指戳球、手型不成半球型、击球点过高或过前、两只手发力不均匀、单靠手指用力、传球时有推压或拍打动作等。考虑到教学时间和课程的任务要求,每次课程视频反馈的时间不宜太长,3~5分钟即可,因为时间过长会导致学生视觉疲劳,造成注意力分散。通过两节课程的传球练习后,抓住学生在练习过程中存在的主要问题给予声像反馈,并在观看视频的过程中提出问题,引导学生积极思考,讨论为何会出现这些动作不到位的情况。观看结束后即刻让学生再次进行传球技术练习,因为刚刚给予学生正确的反馈和指引,使其能够清晰地意识自己在技术动作上存在的问题,从而在练习前对努力的方向、目标有一个清晰的心理准备,使技术动作更加规范化,提高传球控球的效果。

（三）多元反馈教学法在正面双手垫球技术中的具体实施

在垫球技术教学实施过程中，主要将垫球击球手型、击球点、手臂触球位置作为示范讲解的重点。播放垫球技术教学视频，边观看边模仿垫球技术动作，按照循序渐进的教学原则，首先两人一组，一人持球击固定球练习，固定手型和击球点。几次练习过后，一人抛球，进行击轻抛球练习。在巡查过程中发现学生易犯的错误是击球手型不稳定、击球时容易屈肘、击球点偏低或过高、球不受控制左右飞。针对以上问题再次组织学生观看教学视频，慢放并在触球瞬间将图像暂停，让学生深刻认识触球瞬间正确的击球手型，即可让学生模仿标准动作。练习过程中针对学生的抓拍和捕捉学生上肢垫球动作，第一时间反馈给练习者，慢放垫球瞬间，让学生看清自己具体错误点，然后有目的地进行纠正。练习过程中，将学生组成4~6人的小组进行固定一人垫球接力形式，这非常考验小组团结合作精神，各组学生通过达到共同的学习目标，不抛弃小组内成绩差的同学，共同进步。

（四）多元反馈教学法在正面上手发球技术中的具体实施

在开始教学活动前提问，检查实验组学生预习课程的情况，如"正面上手发球的动作要领有哪些？"，让学生相互讨论，提高生生之间、师生之间沟通交流能力。组织观看专业媒体教学视频并演示上次课程的优秀视频剪辑，让学生对发球时挥臂动作路线在头脑中有个清晰的动作成像，做到心中有数，注意结合讲解强调技术动作的重点和难点。为了学生能够最快地熟悉动作，让学生通过羽毛球掷远辅助性练习。掷轻物练习有利于学生体会正面上手发球的挥臂鞭打动作，领悟如何来实现力量由下至上依次传递，同时有利于发展身体的协调性。为更好地把握正面上手发球最佳挥臂击球时机，挥臂击球练习时，两人一组进行击固定球练习，体会触球的高度与位置，培养学生击球时的感觉，使手包满球，以及领会发力时手腕的推压动作。在录像反馈教学中，将学生抛球时的位置及击球动作重点记录，使组内成员借助智能手机录制练习者动作，通过慢动作回放和定格，学生观察抛球时球的位置及手触球发力瞬间的动作形态，与标准的技术动作进行对比，发现错误动作或多余动作，及时加以纠正，通过录像反馈将手的线速度加大、更准确地把握击球时机，以及让击球动作更加标准化。同时激发学生的学习动机，提高学生练习的积极性和教师教学效率[①]。

（五）多元反馈教学法在正面扣球技术中的具体实施

在学习正面扣球技术前，给实验组学生播放2016年里约奥运会中国女排主力朱婷绝技扣杀视频集锦，让学生在对世界排球冠军产生崇拜、敬佩的同时，进一步提高对排球技术的认识，缩小与排球运动之间的距离，提高学生学习排球的自信心。播放汪嘉伟教学片讲解扣球技术动作，强调技术动作重点和难点，让学生进行动作模仿。随后在练习过程中学生可自行反复播放教学视频，充分发挥学生自主学习能力。教师在安排练习时侧重小群体合作教学、竞赛式和游戏式教学，发挥小组互助合作，激发学生的良好的竞争意识，活跃课堂氛围。教师对每个小组进行巡回检查并指导学生技术动作，对正确动作的小组及时给予称赞和表扬，对存在错误动作的小组及时进行纠正和鼓励，其间巡回抓拍优等学生练习时的技术动作，剪辑作为案例分析辅助教学，分享给大家相互学习，为增加自己"上镜"的机会，大部分学生会开始严格要求自己，积极展示更好的自己。在教学中要注意个体差异，对球感能力差、自卑的学生特别关注，可通过言语和动作帮助及时给予鼓励，使其建立自信心。

（六）多元反馈教学法在课的结束部分具体实施

课程结束前的集中反馈，教师与学生共同回顾，小组间进行互评以及组内自我评价，在收到学生的反馈信息后，"对没有命中的目标再剁一箭"，如在学习"正面上手发球"课时，练习结束后进行，仍有个别同学不能完成发球，此时对他们进行个别指导，通过借助回放录像从抛球、引臂、击球等环节反馈存在的问题，根据掌握这一知识点的弱点设计"处方"，教师由此可以做到授课到位不疏漏，进一步提高学生动作技术的熟练程度，及时查漏补缺，全班同学共同进步的最佳教学模式。下课后，教师将课堂上表现较为优秀的学生影响进行视频剪辑，通过网络平台（或在多媒体教室）集中反馈给学生，再次进行网上的信息互动，解答个别学生存在的疑惑，分享学习经验，相互之间进行学习交流。

[①]李海，裴鹏.体育教学案例分析与详解[M].北京：北京体育大学出版社，2014.

五、多元反馈教学法在高校体育专业排球教学中的注意事项

第一，在排球教学过程中，教师要考虑结合影响动作技能形成的各种因素，重视视觉、听觉、味觉等与本体感觉的联系，合理利用反馈信息，针对每次授课的课堂实际情况的反馈，及时改进并完善下一节课的教案，循序渐进，不断提高。

第二，在理论知识掌握方面，多元反馈教学法在教学中促进学生对知识的理解与掌握，效果明显好于常规教学，建议推广应用于其他体育项目教学。

第三，在实施多元反馈教学法时教师要根据学生和教材的特点，对课堂实施有效的控制，善于捕捉信息、及时回输信息，消除学生在练习中产生的防御反射，激发学习积极性，提高其学习动机。

第四，多元反馈教学法在课堂教学实施过程中对教师提出了较高的要求。建议教师不仅要掌握本学科的基本知识、技能、教学方法与教学手段，还要了解和熟悉相关交叉学科的先进教学思想和教学理论，不断提高自身的综合素质。在教学过程中严格把关，耐心地指导以及增强责任心，这样才能提高教学质量，培养学生的综合能力。

第四节 "排球随心课程"教学方法在高校排球普修课中的实践

一、我国高校排球普修课教学现状

（一）传统教学方法

传统教学方法一般是指在以教室为场所的"课堂"上，教师主要讲授课本知识的一种教学方法，学生在课堂上听讲并手动抄录笔记的方式接收和记录信息。整个教学过程忠实于课本知识，不特别强调对教学方法的运用，就是传统式教学。传统教学方法的基本特征：第一，在师生关系上，以教师为中心；第二，以传授书本知识和间接经验为主；第三，教室是基本教学场地[1]。

---

[1]高谊.普通高校公共体育教程[M].天津：南开大学出版社，2020.

排球运动是体育院校球类项目教学的主要课程之一，已经被越来越多的学生所接受和喜爱。但是，由于传统教学方法的限制，许多教师在排球教学中只讲解排球的技术动作，而忽视排球运动自身的特点，导致学生无法真正体会排球运动的乐趣，致使其学习兴趣不高，缺乏积极性。

（二）比赛教学法

沈明在《"比赛教学法"在江西普通高校排球选项课教学中的实验研究——以江西科技师范大学为例》一文中认为，"比赛教学法"可以提高学生学习排球的兴趣，使学生能够积极地参与排球的训练和比赛，同时使学生获得成功体验，达到较好地掌握排球基本技术的目的，提高学生的学习动机，改变学生对排球运动的认识，从而获得良好的学习效果，增强学生的体质，培养学生团队协作的能力以及集体主义精神，同时拥有终身体育的思想理念，在战术的运用和学习中，整体教学效果优于传统教学。同时提出，"比赛教学法"在单个项目的学习过程中与传统教学法相比不具有优势，把国内外比赛教学法的研究现状对比分析，提出国内关于比赛教学法的研究比较单一，以及与其他教学法相结合的研究比较少的问题。根据问题提出以下建议：在单个排球基本技术的学习过程中，采用多元反馈教学法跟踪教学，通过视频技术拍摄学生在训练过程中的情况，发现每个学生单个技术的不足和技术误区，及时调整传统教学和比赛教学的课时比例以及课堂时间安排情况，巩固和提高学生排球基础知识和技术，同时加强学生在课外进行自主练习的能力。但是要根据学生的不同自身情况，合理地安排学生的训练量以及训练的强度，同时培养学生的体育习惯。

刘启震在《比赛教学法在高校体育与健康排球选项课中的应用研究》一文中认为，比赛教学法的合理运用在高校体育与健康排球选项课教学中可以取得良好的教学效果，有效地提高学生的排球技术。比赛教学法的合理运用对激发学生的体育学习动机、提高运动兴趣，以及端正体育学习态度都起到了积极有效的作用。比赛教学法的应用为体育与健康排球选修课营造了活跃的学习氛围。建议针对不同教学阶段和授课对象安排不同比赛内容与强度。注重"学""练""赛"三者的相互联系与有机统一。在比赛教学中首先注重学生的安全，适时穿插竞赛规则教学以及竞赛裁判学习。提高体育教师对比赛教学方法的理解和储备，扩大比赛教学法的应用范围。比赛教学法在实际教学应用中要注意与传统教学方法的有机结合。

顾伟、刘兵在《"比赛—战术—技术"教学理念在普通高校排球选项课中的运用研究》一文中认为，"比赛—战术—技术"教学理念理论基础是引导发现教学理论，引导发现教学理论把学生置身于问题的情境中，让学生在教师的引导下尝试解决遇到的问题。"比赛—战术—技术"教学理念是教师在教学实践过程中，根据球类运动的特性，通过比赛入门的方式引导学生在比赛的基础上先学习战术，进而提高技术的一种教学导向和观念。强调可以将实验教学中的战术简单理解为把球击到对手的弱侧使其落地而得分；或者把球处理到远离对手的位置；或者为了在比赛中让对手尽早疲劳而充分调动他们等。教师可以变更比赛的四个方面：改变练习中的规则，规定学生在比赛中可以做和不可以做的事情；变更参与比赛的学生数量，增加学生参与和积极学习的时间；变更比赛场地大小，或改变球网的高度；调整得分方式。"比赛—战术—技术"教学理念的目标定位重点不是运动技能的学习，而是重在参与，利用比赛调动学生学习的积极性，体验排球的乐趣。

二、"排球随心课程"教学方法概述

（一）"排球随心课程"教学方法的内容

在教学过程中，教师根据学生情况进行分组，根据教学任务选择不同的排球，通过改变排球的飞行速度、排球场地的大小、排球比赛的规则来设计排球比赛。通过组与组之间的排球比赛来激发学生学习排球技术的动力和兴趣，让学生明白排球技术是进行排球比赛的基础，利用学生的知识结构与认知结构，在教师的引导下，通过学生自己的探索获得新知识和技能。运用现代的教学手段创设教学情境，建立微信群，将课上拍摄的比赛和练习视频课下发到微信群里让学生观看，同时将正确的技术动作视频发到微信群里，让学生和自身的技术动作进行对比，使学生在大脑里面形成正确的技术动作概念，有助于技术动作的掌握。

（二）"排球随心课程"教学方法的理论基础

"排球随心课程"教学方法的理论基础是引导发现教学理论。发现式教学法就其思想渊源而言，可以追溯到19世纪中叶，德国著名教育家第斯多惠曾提出："科学知识是不应该传授给学生的，而应当引导学生去发现它们，独立地掌握它们，一个差的教师奉送真理，一个好的教师则教人发现真理。"其后,英国的著名教育家斯宾塞也指出:"在教育中应该尽量鼓励个人发展的过程,应该引导学生进行探讨,自己去推论,给他们讲的应该尽量少些,而引导他们去发现的应该尽量多些。"这些观点无疑为发现式教学法奠定了思想基础。作为一种严格意义上的教学方法,发现式教学法是由美国著名心理学家杰罗姆·布鲁纳于20世纪50年代首先提出的。他认为:"提出一个学科的基本结构时,可以保留一些令人兴奋的部分,引导学生自己去发现它,学生通过发现来掌握学科基本结构,易理解、记忆,便于知识的迁移和能力的发展。发现不限于寻求人类尚未知晓的事物,确切地说,它包括用自己的头脑亲自获得知识的一切方法。"由于他的倡导,使得发现式教学法引起了教育工作者的高度关注和重视[1]。

(三)"排球随心课程"教学方法的主要教学目标

"排球随心课程"教学方法不是单纯从基本技术教起,而是让学生通过排球比赛,提高学生学习的兴趣和动机,发现掌握排球技术是进行排球比赛的基础。在技术学习时注重培养学生发现问题、分析问题、解决问题的能力。在掌握了技术动作要领后,通过反复的练习和教学比赛进行巩固,最终达到在比赛中运用自如的目的。

(四)"排球随心课程"教学方法的主要教学模式

"排球随心课程"教学方法把教学的重点从强调技术动作的学习转移到关注学生的认知能力和学习兴趣点的培养。"排球随心课程"教学方法用比赛激发学生学习排球的兴趣,通过比赛引导学生发现技术是比赛的基础,要想比赛更加精彩就必须掌握技术。比赛结束后组织各小组进行总结,对比赛中所存在的问题采取针对性练习。

三、"排球随心课程"教学方法在排球教学中运用的意义

(一)有利于培养学生的兴趣,提高学习动机

"排球随心课程"教学方法充分利用学生好胜的心理特点,在教学过程

---

[1]温宗林.阳光体育理念下的排球教学与训练[M].哈尔滨:哈尔滨地图出版社,2019.

中通过排球比赛，激发学生学习的求知欲。比赛时改变场地的大小、球的飞行速度和比赛规则使整个学习过程感觉不到枯燥。学生在比赛中可以通过打一个好球或者在比赛中得分来享受比赛带来的喜悦感和成就感，使学生发自内心地学习排球技术。小组练习时相互讨论共同解决问题，在这个过程中既学到了知识又体现了自己的价值，整个学习过程变得轻松愉快，学习排球的动力和兴趣变得更加强烈[①]。

（二）能够充分发挥学生的主体作用

学生是有意识、有情感、有个性的主观能动性的人。"排球随心课程"教学方法能够激发学生的主动性和积极性。该教学方法让学生作为课堂的主体，以小组的形式进行自主的练习和讨论，并根据自身的具体情况制定合理的练习方法，充分体现学生的主体性。

（三）有利于激励学生学习

学生以小组的形式进行比赛或者练习时，教师首先测试学生排球技术水平，根据学生的排球技术情况进行异质分组。异质分组使小组之间的技术水平几乎相当，小组间进行比赛的胜负具有不确定性，激励小组中的每一位成员为了集体荣誉进行排球技术练习。每个小组里面有技术水平较高的同学，也有较低的同学，技术水平较高的同学可以帮助、激励技术水平较低的同学认真练习，排球技术水平较低同学的进步反过来对技术水平较高的同学也是一种激励，形成一种良好的循环，"排球随心课程"教学方法可以激励学生主动学习。

（四）利用多媒体提高学生学习的效率

排球技术动作比较复杂，而且有一些是在空中完成，如排球拦网、扣球技术，教师的示范动作很难使学生建立完整的技术动作表象，教师通过剪辑相关技术动作视频供学生观看，可以解决自身示范受限的问题，学生将视频保留在手机上可以随时随地观看，更加方便。学生在比赛或者练习时无法观看自己的动作，靠其他同学和教师的描述不够直观，通过观看自己练习时的视频和正确的技术动作视频进行对比，发现问题，下次练习时就会注意自己的动作，多余或错误的动作就会得到及时消除和改正，较快地掌握正确的技术动作。

---

①刘文学，李凤丽. 排球运动训练与指导[M]. 长春：吉林摄影出版社，2017.

（五）有利于建立良好的师生关系

教师运用"排球随心课程"教学方法，不仅能在课堂上与学生进行面对面的交流，也能通过网络平台对排球技术进行交流和探讨。这样使教师和学生之间的联系更加密切，更加了解彼此，有利于形成亦师亦友的师生关系。良好的师生关系可以调动教师教学和学生学习的积极性，从而促进教学效果。

（六）培养学生的综合能力

"排球随心课程"教学方法通过比赛来提高学生学习排球的学习兴趣，在激烈的比赛中，尤其是在取得关键比分时可以培养学生的心理承受能力；比赛场上瞬息万变的情况可以培养学生的应变能力；由气排球过渡到六人制排球，比赛场地的变化等可以培养学生的适应能力；比赛后或者练习中小组之间的讨论和交流可以培养学生的沟通表达能力；通过观看视频寻找问题可以提高学生的观察能力和发现问题的能力。

四、"排球随心课程"教学法在排球教学中应用的注意事项

第一，合理利用比赛，控制好比赛的时间，引导学生发现比赛中存在的问题，及时组织学生进行技术练习，在不断反复实践中帮助学生掌握技术动作。

第二，良好的身体素质是学习技术的基础，技术的学习又可以促进身体素质的提高。身体素质的提高不是短时间可以实现的，教师应该在提高学生学习兴趣的基础上安排一些身体素质的练习。

第三，利用气排球辅助六人制排球教学时需注意以下几点：①虽然气排球比较轻、飞行速度慢、比赛来回球较多等特点可以用来培养学习兴趣，但是不宜过多使用；②在传球技术教学中，由气排球过渡到六人制排球时为避免出现漏球现象，气排球的大小应尽量接近六人制排球的大小。

第四，比赛分组时要提前了解学生的基本情况，采用异质分组，以小组的形式进行练习，让技术较好的学生来帮助技术较差的学生，这样既能使技术较好的学生教学能力得到提高，又能使技术较差的学生得到技术提高，增强学生教与学的能力。同时能增强学生之间的交流，提高了小组之间的凝聚力[①]。

---

①曾黎.排球教学方法与训练[M].成都：西南交通大学出版社，2015.

第四章　排球教学模式优化与创新

随着教育理念和技术的不断进步，排球教学活动正逐渐采纳更多创新和高效的教学模式，以提升教学质量与效果。通过这些全新的教学模式的应用，排球教学不仅能够更加科学、高效地提升学生的运动技能和战术理解，还能够培养学生的自主学习能力、团队合作精神以及良好的心理素质，从而实现全面发展的教育目标。本章主要对排球教学模式的优化及各种新的排球教学模式进行深入探讨。

第一节　排球教学模式的优化

一、组织学生观摩教学

在日常的教学实践中，为了切实点燃学生们对于体育活动的热情，并有效提升他们在课程中的参与度与积极性，体育教师们可以巧妙地融入排球这项极富吸引力的运动作为教学的亮点。例如，定期开展排球基础技能训练营，从传球、垫球到扣球，每一步都设计成既富有挑战性又充满乐趣的练习，让学生们在汗水与欢笑中逐步掌握技巧。同时，教师可以鼓励学生参与设计和制作以排球为主题的校园体育板报或宣传栏，通过搜集排球历史、知名运动员故事、赛事精彩瞬间等内容，不仅美化校园环境，也让学生在筹备过程中深入了解排球文化，无形中营造出浓厚的排球运动氛围[1]。

不仅如此，教师应积极响应学生的兴趣与需求，灵活安排时间，组织学生前往观看校内外的排球比赛现场。这种实地体验不仅能让他们近距离感受排球比赛的紧张刺激和团队合作的魅力，还能直观地学习到高级的战术部署与运动员间的默契配合，极大地激发学生们的学习欲望和竞技意识。在此基础上，通过观赛后的讨论会，引导学生分析比赛策略，分享个人感悟，进一

---

[1]王健.高校排球教学理论与方法研究[M].北京：团结出版社，2018.

步深化他们的理解与认识。

更进一步，为了培养学生的领导能力、团队协作能力以及长期投身体育锻炼的习惯，教师可以倡议并协助成立校园排球协会，甚至亲自指导有潜力的学生组建校排球队。协会或校队的成立，不仅能为热爱排球的学生提供一个展示自我、相互交流的平台，还能通过定期的训练、友谊赛乃至参加校级、市级乃至更高级别的排球联赛，让学生在实战中磨炼技能，培养出尊重对手、勇于拼搏、团结协作的良好体育精神。这样的经历，无疑将成为学生宝贵的人生财富，为其未来无论是继续深入学习排球还是其他领域的探索，都奠定了坚实的基础和积极的态度。

二、充分利用多媒体教学

近年来，随着时代步伐的不断加快和科技力量的持续飞跃，教育领域迎来了多媒体教学设备的广泛应用，这一变革深刻地重塑了传统教学模式，使之焕发新生。多媒体技术的融入，不仅极大地提升了学生的学习热情，让他们在活跃、互动的课堂氛围中更加积极地参与进来，而且通过视觉、听觉等多感官刺激，优化了知识传递的方式，显著提高了教学效果，加速了学生对知识点的全面吸收与深入理解。

鉴于此，我国高等教育体系中的体育教学部门，更应紧跟时代潮流，充分利用多媒体教学设备的先进优势，创新体育教学方法，提升教学质量与效率。特别是在教授像排球这样技术性与策略性并重的体育项目时，多媒体技术的应用显得尤为重要[1]。

例如，在介绍排球基本规则和技巧之前，体育教师可以通过精心制作的PPT演示、高清视频播放或是互动软件，生动展现排球运动的历史沿革、国际知名排球明星的辉煌成就、经典赛事的精彩瞬间等，这些直观且富有感染力的信息，能够迅速吸引学生的注意力，激发他们对排球运动的好奇心和探索欲，为后续理论与实践教学打下良好的心理基础。

更进一步，教师可以结合虚拟现实（VR）或增强现实（AR）技术，模拟排球比赛场景，让学生仿佛置身赛场中，亲身体验不同战术布置下的攻防转换，这种沉浸式的教学体验不仅能让学生更深刻地理解排球比赛的复杂性和团队合作的重要性，还能极大提升他们的学习兴趣和动力，使抽象的理论知

---

[1]庞俊娣.多元化教学法在排球技术教学中的应用研究[M].长春：吉林人民出版社，2021.

识在实践中得到验证和巩固。

三、提升排球教师资源的专业性和积极性

西方国家普遍视体育课程为学校教育不可或缺的一部分，不仅因为其对增强学生体质、培养团队精神和公平竞争意识等方面的积极作用，还因为在一些国家和地区，如美国，学生在体育方面的出色表现是获取奖学金和大学录取的一个重要考量因素。这样的机制激励了许多学生积极参与体育活动，并追求卓越，同时也促进了体育教育与学校整体教育目标的紧密结合。

我国近年来国家大力推动素质教育，旨在培养全面发展的人才，强调德、智、体、美、劳五育并举，体育教育的地位得到了政策层面的提升。《全民健身计划》《关于全面加强和改进新时代学校体育工作的意见》等一系列文件的发布，体现了国家对增强青少年体质、改革体育教学模式的重视。这些政策旨在通过增加体育课程时长、丰富体育课程内容、提升体育教学质量等措施，真正实现体育教育的实质提升。

然而，实际操作中，由于长期受应试教育观念的影响，部分学校和教师可能仍未充分认识到体育教育的长远价值，有时将其视为学业压力下的"调节剂"，而非教育体系中的核心组成。这种观念导致体育教学可能更多地停留在完成教学任务的层面，缺乏对学生兴趣的激发、个性化需求的关注以及体育精神的培养，从而影响了体育教学的实际效果和学生体质健康的持续改善。

为解决这一问题，中国体育教学需要进一步深化改革，借鉴西方体育教学中重视学生兴趣、个性化发展和能力培养的经验，同时结合本国实际情况，创新教学方法，提高体育教师的专业能力和教学理念，确保体育教学能够真正实现提高学生体质、培养全面能力的目标。此外，改变家长和社会对于体育教育的传统观念，形成家庭、学校、社会共同关注和支持体育教育的良好氛围，也是推进体育教育改革的关键。

四、适当增加实践活动

在排球教学的实践中，确实需要将理论与实践紧密结合，以确保学生能够全面理解并掌握排球技能。完成理论讲解之后，组织丰富多彩的实践活动

对于巩固知识、提升技能至关重要。以下是一些具体的实施策略，旨在通过实践活动增强教学效果。

（一）班级内部比赛

通过精心策划班级内部的小型排球比赛，不仅能够为学生创造一个活泼而富有教育意义的实践平台，还能极大地激发他们对体育活动的热情。这样的比赛不仅是一场简单的体育竞技，它如同一个微缩的社会舞台，让学生们在安全、友好的环境中模拟真实比赛的压力与挑战，从而更深刻地理解和掌握课堂上所学的各项排球技巧，如发球、垫球、传球、扣球及拦网等。

在准备阶段，教师可以先进行一系列的基础技能培训和规则讲解，确保每位参与者都有扎实的理论基础和一定的技术准备。随后，依据学生们的技能水平、体能状况及个人意愿进行均衡分组，这样既能保证比赛的激烈程度和观赏性，又能维护每个团队内部的和谐与积极性，避免因实力悬殊导致部分学生参与感降低[1]。

此外，团队合作和沟通能力的培养也是这一活动的重要目标之一。在紧张激烈的比赛中，学生们需要不断交流战术布置、互相鼓励和支持，这种即时且高效的沟通对于提升团队凝聚力和策略执行能力至关重要。教师可以引导学生设立队长角色，负责协调队内事务，同时鼓励每个人都发表意见，共同面对比赛中的各种突发情况，学会在压力之下快速做出决策。

（二）班级间对抗赛

将体育竞赛的舞台从班级内部扩展到班级之间，无疑为学生们的校园生活注入了新的活力与挑战。这种班级间的对抗赛，不仅显著提高了学生的竞争意识，还极大激发了他们的集体荣誉感。当代表自己的班级站在全校的舞台上时，那份责任感和归属感油然而生，促使每位成员全力以赴，为班级争光。

此类班级间对抗活动的设计，巧妙地利用了青少年渴望展现自我、追求胜利的心理特点，将其转化为积极向上的动力。在准备过程中，学生们会自发地加强练习，不断提升个人技能，同时在团队合作中学会如何更好地融入集体，如何有效沟通以达成共同目标。这种由内而外的激励机制，往往能激

---

[1] 王薇. 高校排球运动教学与训练发展研究[M]. 长春：吉林出版集团股份有限公司，2022.

发出学生意想不到的潜能，让他们在运动技能、心理素质及领导能力等方面实现飞跃式成长。

更重要的是，班级间对抗赛搭建了一个跨班级交流的平台，打破了传统班级界限，促进了不同班级学生间的相互了解与学习。在比赛的筹备与进行中，学生们有机会见识到其他班级的训练方法、战术策略，甚至在赛后分享会上直接交流心得体验，这种横向的学习机会极大地丰富了他们的视野，促进了知识与经验的流动，形成了良好的校内体育文化氛围。

此外，班级间对抗赛还有助于增强学校的整体体育氛围。赛事的举办往往会吸引全校师生的关注，成为校园文化中的一大亮点。观众的加油助威、师生间的热烈讨论，都在无形中提升了体育运动在学校的地位，让更多的学生感受到体育的魅力，积极参与体育活动，从而形成一个积极向上、健康活力的校园环境。

（三）校内友谊赛

定期在校内举办排球友谊赛，是一项旨在促进广泛体育交流、深化校园体育文化的重要举措。这些友谊赛不仅局限于同年级或同一专业的学生之间，而是跨越年级和专业界限，邀请全校范围内对排球有兴趣和热爱排球的同学参与。这样的安排，不仅极大地拓宽了参与者的范围，增加了比赛的多样性和趣味性，也为学生提供了难得的机会去接触和了解不同背景的同学，促进校园内的多元文化交流。

通过这些友谊赛，学生们能够积累宝贵的实战经验。不同于日常训练，比赛的不确定性和紧迫感要求学生快速适应对手策略，灵活调整自身战术，这对于提升个人反应速度、应变能力和比赛心态都大有裨益。每一次比赛都是对技能和心理素质的一次检验，更是成长和进步的宝贵机会。

校内友谊赛的魅力在于它能够强有力地推动校园体育文化的建设。比赛期间，校园内弥漫着浓厚的体育氛围，学生、教师乃至家长都会被吸引，参与到观赛、讨论甚至是志愿服务中来，形成一股积极向上的力量。友谊赛不仅是运动员的舞台，更是全体师生共同参与、共享体育乐趣的庆典，有助于培养学生的集体荣誉感和社会责任感，增强学校的凝聚力和向心力[1]。

---

[1]曾黎. 排球教学方法与训练[M]. 成都：西南交通大学出版社，2015.

此外，友谊赛还为体育特长生与普通学生之间的交流提供了平台。在比赛中，不同水平的选手相互切磋，高水平运动员的示范作用能够激励初学者不断进步，而普通学生的积极参与也体现了体育运动的普及性和包容性，进一步推动了校园体育的全面发展。

总之，定期举办的校内排球友谊赛，作为连接各个年级、专业的桥梁，不仅有效提升了学生的比赛经验和体育技能，更在校园内播撒下体育文化的种子，营造出一个充满活力、团结互助、积极向上的校园体育环境，为学生的全面发展和健康成长创造了有利条件。

（四）技能挑战赛

在常规的排球比赛之外，引入技能挑战赛作为一种补充活动，为学生提供了一个展示个人技术特色、挑战自我极限的舞台。这些挑战项目设计精巧，专注于排球运动中的各项基本技能，如精准发球挑战、垫球耐力赛、传球准确度测试、拦网高度挑战等，不仅能够全方位、多角度地检验学生对单项技能的掌握程度，还能极大提升训练的趣味性和参与度，激发学生突破自我、追求卓越的精神。

精准发球挑战要求参赛者在限定时间内尽可能多地将球发入预设的目标区域，这不仅考验了发球的力度和方向控制，也强调了策略规划和心理调适能力。通过这样的挑战，学生能在反复练习中磨炼发球技巧，增强自信心，同时享受挑战带来的成就感。

垫球耐力赛则是对学生基本功和耐力的双重考验。参与者需连续垫球，以垫球次数的多少决定胜负，这不仅锻炼了学生的垫球稳定性和反应速度，也让学生在不断的尝试中学会了坚持和毅力的重要性。

传球准确度测试则通过设定多个难度不一的目标点，评估学生传球的精准度和配合默契度，强化了团队合作的概念，同时也让学生认识到在快速变化的比赛环境中，准确无误的传球对于控制比赛节奏的重要性[1]。

这些技能挑战赛以其独特的魅力，不仅丰富了校园体育活动的内容，也为学生提供了一个超越自我、展示技能的窗口。它们通过游戏化的方式，让学生在轻松愉快的氛围中不断提升个人技能，同时培养了坚持不懈、勇于挑战的体育精神，进一步推动了校园体育文化的深度发展。

---

[1]高勤.排球运动的多元化发展与教学创新研究[M].长春：吉林大学出版社，2016.

（五）互动练习

在日常排球教学中融入互动练习环节，是提升教学效果、增进学生之间联系的又一创新之举。通过分组对练、伙伴互评等多种形式的互动，不仅能够让学生在实践中获得即时反馈，迅速发现并纠正技术动作中的错误，还能在同伴互助中培养起团队合作精神和责任感，形成积极向上的学习氛围。

分组对练是一种高效的教学策略，它依据学生的技术水平、身体条件等因素进行合理分组，以确保每组内既有技术较为熟练的学生，也有正在学习进步中的学生。在对练过程中，学生不仅能实践所学技能，还能在与队友的配合中学会如何调整动作、如何根据对方动作做出快速反应，这种动态的、有针对性的练习对于技能的巩固与提升极为有益。

而伙伴互评机制的引入，则进一步加深了学习的互动性。学生不再是单纯地接受教练的指导，而是成了彼此的"小老师"，在相互观察、分析和评价的过程中，学生能够从不同的视角发现自身的不足和他人的优点，这种"教即是学"的过程促进了深度思考和自我反思，也增强了学生间的沟通与理解。通过正面、建设性的反馈，学生们能够在相互鼓励和支持中共同进步，建立起积极的同伴关系。

此外，互动练习还鼓励创新思维和个性化发展。在小组讨论和实践探索中，学生可能会发现适合自己的独特技巧或解决办法，这种多样性不仅丰富了学习的路径，也让排球训练变得更加有趣和个性化。

总之，互动练习作为排球教学中的重要组成部分，通过促进学生之间的相互指导、纠正与合作，不仅加速了技能掌握的过程，还培养了学生的批判性思维、团队协作能力以及自我学习和自我修正的能力，为学生构建了一个既充满挑战又温暖互助的学习环境。

（六）技术与战术研讨会

在排球教学体系中，定期举办技术与战术研讨会，是将理论知识与实际操作紧密结合，全面提升学生综合能力的重要一环。这种研讨会不仅是对训练成果的简单回顾，而是通过深入分析比赛录像、模拟比赛场景、探讨战术布局等方式，引导学生从更宏观、更深层次理解排球运动的内在逻辑和策略运用，从而在实战中更加游刃有余。

在研讨会上，首先通过观看国内外高水平排球比赛的录像片段，学生可以直观地学习顶尖运动员的技术动作、团队配合及关键时刻的战术选择，教练适时暂停视频，引导学生分析为何在特定情况下采用某种策略，以及该策略如何影响比赛走向。这种方式不仅加深了学生对技术动作细节的理解，还培养了他们从战术层面审视比赛的能力[1]。

模拟比赛环节则是研讨会的一个亮点。教练或高年级学生扮演对手，设计特定的场景让学生团队应对，如落后时的反攻策略、如何打破对手的防守阵型等。通过实战模拟，学生能够将所学的战术知识立即应用于实践中，亲身体验不同策略的效果，从而在未来的比赛中更加自信和灵活。

此外，研讨会鼓励开放式的讨论与交流。每个学生都可以提出自己对技术动作的疑问或是对战术运用的新见解，这种思维碰撞往往能激发创新的火花，帮助学生从不同角度理解排球运动，也培养了他们的批判性思维和表达能力。

总之，技术与战术研讨会作为连接理论与实践的桥梁，不仅加深了学生对排球技术和战术的认识，更重要的是，它培养了学生的策略思考能力，使他们能够在未来比赛中更加主动地分析局势，灵活应对，真正做到了"知其然，亦知其所以然"。这种教学模式，无疑为学生在排球技能和心智成长上都带来了长远的正面影响。

（七）心理训练与团队建设活动

在排球教学的全面发展中，心理训练与团队建设活动占据了不可或缺的地位。通过精心设计的团队游戏和专业的心理训练课程，如"信任坠落""盲人方阵"等经典活动，不仅能够有效增强团队成员间的信任与默契，还能够显著提升学生的心理素质，包括自信心、抗压能力以及应对失败和挑战的韧性，为他们在体育竞技及未来生活中的成功奠定坚实的基础。

在"信任坠落"活动中，参与者闭眼后倒，由团队其他成员接住，这一过程要求绝对的信任，同时也让每个人体会到作为团队一员的责任感与被信任的喜悦，从而加深了团队成员间的相互依赖与支持。

而"盲人方阵"则是一个典型的团队合作与沟通能力训练游戏，参与者蒙上眼睛，在不能说话的情况下，依靠非言语信号协作完成任务。这个过程不仅锻炼了学生的沟通策略和非语言表达能力，也教会他们在信息受限的情况下如何保持冷静、如何高效地解决问题。

---

[1] 王健.高校排球教学理论与方法研究[M].北京：团结出版社，2018.

通过这些活动，学生能够在轻松愉悦的氛围中学习如何处理人际关系，如何在压力之下保持清晰的思考，以及如何作为一个团队共同克服难关。这些经历对于他们在排球场上的表现至关重要，因为体育竞技不仅是身体的较量，更是心理素质和团队协作能力的比拼。

总之，排球教学通过综合运用各类实践活动，从技术训练、战术研讨到心理素质和团队建设的全面提升，不仅让学生掌握了扎实的运动技能，更重要的是，培养了他们在团队中发挥作用的能力、面对逆境时的心理韧性和策略性思考的习惯。这一系列努力，共同指向了体育教学的最终目标——培养全面发展的人才，使他们在体育的道路上越走越远，也在人生的旅途中更加坚韧不拔。

综上所述，就目前的发展情况而言，我国高校排球教学中仍存在一定问题，为此，需要对这些问题进行分析研究，找到有效的解决对策。同时，通过观摩教学、多媒体教学等方式，进一步优化教学模式，从而使学生感受排球运动的魅力，激发学生的学习热情，促进学生的全面发展。

第二节 情景教学模式

一、情景教学模式的定义

所谓情景教学模式，即教师通过在教学目标中加入形象生动的场景，来引发学生身临其境的体验和感觉，并引导学生积极思考、理解教学内容的一种教学方式。它能够帮助学生快速地理解教材内容，充分调动学生学习的主动性和积极性，挖掘学生自我潜能，从而达到教学目的，提高教学效果。

情景教学模式具有以下三个特点：

第一，直观性。教师在教学过程中根据相关内容，利用学生已掌握的理论知识，通过具体的影像、图片等，增强学生对事物的直接感官经验，使理论形象化、具体化。

第二，趣味性。教师可以利用新闻、比赛、案例等与教学内容相结合，通过生动幽默的语言表达方式活跃课堂气氛。

第三，生动性。教师在教学过程中要善于利用肢体语言、示范动作和教学的方式方法等，调动学生的情绪，激发学生学习的兴趣。

体育教师合理运用情景教学模式能够很好地激发学生学习排球的兴趣。

与传统体育教学不同的是，它更好地迎合了实际训练教学目的，提高了学生参与排球运动的兴奋度，产生了良好的师生互动效果。并且，情景教学模式的针对性极强。在情景教学模式中，体育教师不仅可以根据模拟训练中可能产生的问题（如发球技巧、运动损伤等）进行一一解答，提高教学质量，还可以培养学生的实际操作能力，充分调动学生的互动性和参与性[1]。

二、排球教学中情景教学模式应遵循的原则

在高校排球教学过程中，体育教师使用情景教学模式时要注意与排球运动和训练技术的特点相结合，积极引导学生学习排球的兴趣，帮助学生树立自信，培养更多优秀的排球运动选手。

（一）遵循排球运动和排球技术的特点

体育教学一般是参照该运动项目和其技术的特点开展的。因此，教师须合理利用这些特点设计教学内容，有针对性地传授理论知识和实践经验，对相关问题逐一击破。这可以让学生更快速地参与到排球训练和竞赛中。

1. 排球运动的特点

（1）群众性。排球运动的场地设备比较简单，比赛规则也容易被人们掌握。不论是比赛还是训练，排球运动受场地约束较小，适用于不同年龄、体质、性别、水平的人。

（2）全面性。根据排球运动的规则，每名队员都要进行位置轮转和跑位。因此，这需要每个队员都必须完全掌握所有位置的技能，便于集体内部的密切配合。

（3）技巧性。根据排球比赛规则规定，比赛中球不能落地，不允许持球、连击。击球时间非常短暂，击球空间又有多变性，这决定了排球具有高度的技巧性。

（4）对抗性。排球比赛中，双方的攻守互动一直在激烈的对抗中进行。高水平比赛中，对抗的关注点在拦网和扣球上。在一场比赛中，每夺取一分时常需要经过多个回合的较量。技术水平越高的比赛，双方的竞争抢夺也随之越猛烈。

---

[1] 王健. 高校排球教学理论与方法研究[M]. 北京：团结出版社，2018.

2. 排球技术的特点

（1）完成各种技术动作的时间短促。

（2）各种技术动作都是球在空中飞行时完成。

（3）大多技术具有攻防两重性（如拦网、传球、垫球）。

（4）身体各部位都能触球。

（二）重视学生的能动性

体育教师在运用情景教学模式时，通过引入排球比赛的纪录片或真实比赛案例，能够极大地丰富教学内容，提升学生的参与度和兴趣。

首先，教师应精心挑选比赛纪录片或真实案例，确保这些材料既有代表性，又能引发学生的兴趣。素材可以涵盖从国际大赛到地方比赛的各级别赛事，特别是那些包含关键转折点、精彩战术运用或明显技术失误的片段。

在备课阶段，教师应围绕所选案例预设一系列问题，这些问题不仅要覆盖技术、战术层面，还应涉及心理、策略及团队合作等方面。例如"在这个场景中，为什么球队选择了这样的进攻策略？"等问题，能够引导学生从多个角度进行思考和分析。

其次，将学生分成小组，每组分配不同的案例或问题进行讨论。小组讨论鼓励学生之间的交流与合作，每个人都可以从不同视角提出看法，共同寻找解决方案。教师在各组间巡回指导，适时提供反馈和补充信息。每组选派代表分享讨论结果，其他组可以提问或补充，形成课堂上的互动交流。教师在此过程中不仅是裁判员，更是引导者，鼓励学生之间积极对话，促进思维的碰撞与深化。

最后，教师应总结学生讨论中的亮点与不足，归纳关键知识点，明确正确的技术动作、战术原则以及如何从错误中学习的方法。同时，可以引导学生反思学习过程，分享个人感受和收获，强化学习效果。

在理论分析后，安排相应的实践环节，让学生将讨论中学到的知识应用到实际的技能训练或模拟比赛中，通过实践检验理论，加深理解。

通过这样的教学设计，体育教师不仅能够有效地传授排球技能，更重要的是培养了学生的批判性思维、问题解决能力和团队协作精神，为学生终身体育素养的形成打下坚实的基础[①]。

[①]鹿军士.新编排球入门与提高[M].赤峰：内蒙古科学技术出版社，2017.

（三）教师要积极鼓励学生

在排球技能训练中，因受到学生对理论知识吸收程度和体质等因素的影响，体育教师的教学效果反馈是不同的。有些学生因体质较差而跟不上训练的节奏，心里容易产生落差，从而易厌烦和抵触排球运动。而情景教学模式可以在课堂中模拟演练，体现出学生训练时的薄弱之处。教师能够更有针对性地解决其问题并提高学生的技术能力。此外，教师还需要在训练中主动褒扬学生的进步之处，对学生正确的设想要给予肯定，不正确的做法及时纠正，积极发现学生的潜在能力，帮助学生树立自信，培养学生积极参与的主动性，从而提高教学质量和效率。此外，通过教师的激励，学生逐渐积累实践经验从而达到由量到质的转变。这不但能够充分激发学生学习排球技术的兴趣，还能提高其心理素质。

（四）善于归纳和总结教学经验

体育教师应在课后或者训练后积极总结自己的教学经验。教学效果决定了教师是否达到了教学目标。好的教学效果包括学生积极参与并回答问题，热烈讨论并对深层次的知识进行探究，师生互动频繁，等等。因此，教师要对自己的教学内容设计和教学方法不断进行自省，并对不好之处及时改进。教师不断归纳总结教学经验，不仅有助于培养学生理论知识和技能，而且能够提高自己的专业水平，丰富自己的阅历。

三、情景教学模式要与教学实践相结合

（一）用心备课

体育教师在备课过程中，需要对教学大纲和教材进行深入分析，这是确保教学内容既符合教育要求又贴近学生实际的关键步骤。以下是一些具体的策略和建议，以帮助体育教师更高效、更系统地进行备课。

1. 深入分析教学大纲

教师要全面理解教学大纲中关于排球课程的总体目标、教学内容、评价标准等要求，确保教学活动设计与大纲紧密相连，既覆盖所有必学内容，又突出重点。

2. 分析学生的具体情况

深入了解学生的实际情况，包括他们的技术水平、体质状况、兴趣偏好、学习习惯等。这一步骤可以通过问卷调查、个别访谈、前期测试等方式完成。基于学生的特点，合理设定教学难度，设计个性化的教学方案，确保每个学生都能在课堂中有所收获。

3. 明确教学目的与重点

根据大纲要求和学生分析的结果，明确每节课的具体教学目的，确定教学的重点难点。教学目的应具体、可衡量，以便后续的教学评估。

4. 设计模拟竞赛情景

根据教学内容，设计贴近实战的模拟竞赛情景，这些情景既要能检验学生的技能掌握情况，又要能激发学生的兴趣和参与热情。通过情景模拟学生可以在接近真实比赛的环境中学习如何运用技术、策略，提高应变能力。

5. 预设问题与解决方案

针对模拟竞赛和其他教学活动，预先准备一系列问题，引导学生思考和讨论。同时，准备好相应的解答和解决方案，帮助学生在遇到困难时能够及时得到指导。

6. 持续专业发展

体育教师应不断学习最新的排球技术和战术理论、训练方法，关注排球运动的最新动态，参加相关培训和研讨会，与其他教师交流教学经验。这不仅能够提升自身的专业素养，也能为学生带来更新鲜、更有效的教学内容。

7. 整合资源与技术

利用多媒体教学资源和技术工具，如视频分析软件、在线教学平台等，丰富教学手段，提高教学效率。通过视频回放分析比赛片段，可以让学生更直观地理解战术应用和技巧细节。

通过上述步骤，体育教师不仅能够设计出既科学又实用的教案，还能在教学过程中更好地引导学生主动学习，提升教学质量，促进学生的全面发展。

（二）善用多媒体教学

传统教学注重排球技术理论知识的讲解，教学方式比较单一，学生在学习过程中容易产生厌学的情绪。相对而言，多媒体教学较为形象具体，更贴合实际训练内容，能够调动学生学习的积极性和主动性，激发学生的内在学习动力，从而提高教学的效率。体育教师可以利用课余时间制作多媒体课件，帮助学生更好地学习和掌握排球技术，对常见错误动作进行强调和纠正。例如，讲解正面传球技术时，很多学生会在训练过程中出现动作不规范的问题。又如，在扣球运动变化中，如何改变扣球方向，避开对方拦网。教师可以在课件中体现这方面的相关教学内容，帮助学生掌握技术要领，纠正错误行为。另外，课件中也要体现运动损伤相关知识内容，重点强调运动安全问题，保证学生学习知识的同时，培养其安全意识[①]。

（三）合理分组

为了培养学生在比赛、训练中的合作意识和默契，教师在训练教学过程中可以将水平相差较大的学生分为一组。这不仅可以促进学生之间的情感交流，还可以实现双方互助，共同提升，从而提高教学效果。教师对学生合理分组不但有利于学生突破学习难点，激发其潜在能力，还有利于教师的教学内容更有针对性，更有效地提高教学的质量。

（四）巧妙运用模拟演练教学

在进入高校之前，大部分学生的排球技术水准都比较低。在进入高校后，他们才开始真正学习排球技术。为了加强排球的系统理论知识学习和提升实战水平，体育教师可以根据教学环境在课上进行模拟演练教学，创造比赛氛围。比如，在模拟比赛中，其中一名队员拦网起跳过早。教师同时作为裁判员和解说员，可以对旁观比赛的学生进行拦网技术讲解并针对拦网技术的常见错误和改正方式进行指导。又如，如何在比赛中进行发球个人战术。教师可以在现场对不同的发球技术进行演示。教师要合理利用比赛教学、现场演示等教学方法，帮助学生快速理解掌握其诀窍，从而提升学生的技

[①]李元华.高校排球创新教学与科学竞训研究[M].北京：九州出版社，2018.

术水平[1]。

（五）教师要注意自身动作的规范性

对学生而言，体育教师在排球技术训练中的每个动作都是具有示范性的。所以，教师在应用情景教学模式时要与学生共同训练。在练习过程中，教师可以在实战演练中利用自身专业水平优势，对学生言传身教、实际指导。这可以帮助学生更准确地掌握要领技巧，从而提高教学质量和效率，完成教学目标。与此同时，这也要求体育教师要不断进行专业练习，提高自身专业素养和水准。

四、排球情景教学的目标

排球运动是一个团体性的竞赛项目。它不仅要求队员要掌握每个位置的技能，还要求队员之间要相互配合。在情景教学模式下，学生不但要从内在动力出发系统学习排球理论知识，而且要培养自己的合作意识。

（一）提高学生学习排球技能的兴趣

排球情景教学是一种非常有效的教学方法，它能够显著提高学生学习排球技能的兴趣。通过模拟实际比赛中的各种情景，如比分紧咬的关键时刻、特定战术的执行等，让学生在近乎真实的压力环境下练习，增强他们的实战经验和应对能力。这种模拟不仅让训练更加贴近实战，也大大提升了训练的趣味性和挑战性，从而激发学生的参与热情。

在教学中引入角色扮演，让学生分别扮演不同的场上位置（如主攻、副攻、二传等），甚至是教练和裁判，让他们从不同角度理解排球比赛的复杂性和团队合作的重要性。通过角色体验，学生能更深刻地领悟每个角色的职责和配合的必要性，增加学习的代入感和趣味性。

总之，排球情景教学不仅能够提升学生的技术水平，还能激发他们的学习兴趣，培养团队精神和解决问题的能力，为学生的全面发展打下坚实的基础。

（二）培养学生的合作意识

排球作为一项团队运动，其核心价值在于团队成员间的默契配合、相互

---

[1]陈诚.现代排球技战术与实战训练研究[M].西安：陕西人民教育出版社，2019.

信任及高效沟通。理论知识的学习是构建这一坚实基础的第一步，它包括了对排球规则的了解、基本技术的掌握以及战术策略的认识。理论与实践相结合，通过反复的训练和实战演练，队员们能够在动态变化的比赛环境中迅速做出反应，形成有效的配合。

训练和比赛是建立在有效地掌握理论知识基础之上的。通过多次的训练和比赛，教师可以培养学生相互之间的信任和合作意识。好的排球战队需要队员之间密切配合，才能赢得比赛。这也对学生未来的全面发展有着不可忽视的作用。

第三节 团队教学模式

现阶段，高校在开展体育排球教学中，还存在实践教学缺乏的情况，导致体育排球课程无法发挥出应有的作用，大学生身体素质无法得到提升。因此，教师需要创新公共体育排球教学模式，在公共体育排球教学中使用团队教学模式，让大学生展开小组学习，在小组学习过程中发挥学生集体优势，为社会培养更多人才。

一、团队和团队精神的含义

（一）团队的含义

目前对于团队的定义有许多种，如"团队是由两个或两个以上的人组成，通过彼此之间的相互影响、相互作用，在行为上有共同规范的一种介于组织与个人之间的一种形态。""团队是在一个特定的工作环境中，由一些技能、知识乃至气质上互补的人员，为了达到一个相同的目标而一起工作、共同担负责任的一种小型群体。""团队由一群能够共同承担领导职能的成员组成，他们共同努力，以各自的方式在所处的环境中共同完成预先设定的目标。"国际知名的《团队的智慧》的共同作者琼·R.卡扎巴赫、道格拉斯·K.史密斯对团队做了如下定义："团队就是由少数有互补技能，愿意为了共同的目的、业绩目标和方法而相互承担责任的人们组成的群体。"斯蒂芬·P.罗宾斯的看法为："团队是由两个或两个以上相互作用、相互依存的个体成员组成，并按照一定规则和目标而结合起来形成的组织。"[1]

---

[1]斯蒂芬·P.罗宾斯.管理学[M].北京：中国人民大学出版社，1997.

群体与"个体"相对，是指由一定数量的个体组成的聚集体。这些个体都具有共同特点且互有联系。人们在较长一段时期内将"群体"和"团体"混为一谈，直到20世纪90年代初，斯蒂芬·P.罗宾斯首次提出了关于团队的概念和看法，他认为"团队"是一种"正式群体"，由具有共同目标且相互协作的个体组成。由此可以看出，"正式的群体"是形成"团队"的一个基础。

"团队"与"群体"之间是有差异的，美国著名创造力教学研究专家威廉姆斯对这种差异进行了研究。他认为组成群体的成员形成一个团队的基本条件，然后催化出群体内成员之间的相互依赖性和集体合作性，最终形成了一个团队。我国的相关学者对此予以肯定，认为正式群体在发展过程中产生自主性与协作性，而以此为基本条件，逐步成长为团队。由此可见，虽然"群体"和"团队"都是由协作的个体组成，但是"群体"所包含的意义与范围更广，可以认为"团队"是在"群体"基础上组建的。

（二）团队精神的含义

团队精神是一种集体意识和协作精神，也是一种自我价值的集中体现。个人的目标实现与团队发展形成一致性是团队精神的基础，即在团队中个人能力可以得到尊重和发挥，并且和团队的发展密切相关；团队精神的核心是协同合作和集体与个人利益的统一，所有个体的发挥形成统一体，而这种强大的凝聚力和向心力，能保障高效率地实现目标。团队精神要激发的是一种强大的精神动力，这种动力可以让个体自愿为团队发展做出相应努力，甚至有所牺牲，能够最高限度地将团队与个人结合在一起。

二、团队教学模式的概念与教学指导思想

（一）团队教学模式的概念界定

总结以往各方研究经验，我们可以将团队教学模式定义为：注重培养和发挥学生团队精神，把学生分成若干个学习团队，依照学习目标，在教师指导与监督下，各学习团队自主制订学习目标和计划，进行自主学习和练习，教师评价、学生自我评价、学生互相评价相结合，成员之间相互帮助和相互竞争的教学模式。

（二）团队教学模式的教学指导思想

《全国普通高等学校体育课程教学指导纲要》（下文简称《纲要》）中关于高校体育教学的要求：应使课堂教学与课外体育活动有机结合；教学方法要讲究个性化和多样化，加强指导大学生学习和练习方法，提高大学生自学和自练能力；学生的学习评价内容、方式和方法应多样化，在评价中要淡化"甄别"和"选拔"功能，强化"激励"和"发展"功能，要将学生"进步幅度"纳入评价的内容。另外，《纲要》通过教学目标等的设置，充分体现了"健康第一"和"终身体育"的体育教学指导思想，这是高校体育教学中的基本理念，需要在日常的教学计划中充分考虑，在这些理念下进行体育教学设计。

排球运动的核心价值就是参与者以团队形式，通过密切的配合进行比赛，这种团队精神的培养过程具有重要的教育意义。只有在这种理念的指导下进行教学，才能够让学生真正体会到排球运动的魅力所在，才能够发挥出排球运动最核心的价值。

可以将团队理解为正式的群体，和群体相比有着显著的优势。团队成员在"参与愿望""奉献程度"和"对他人的支持"三方面表现更积极；团队成员的"沟通效率"更高，"沟通方法"和"模式"更加多样化和专业化；团队成员之间的"依赖度""信任度"和"亲密度"更强，使集体整合为"超级个体"，最终的成绩就远远高于个体的成果总和。

（三）团队教学模式对高校排球教学的重要意义

在我国教育行业不断改革的背景下，体育教学的受重视程度逐渐提升。体育教学力求每一位大学生的身体素质都能得到提高，满足社会发展的用人需求[1]。但是现阶段，我国高校在开展公共体育排球课程教学过程中，还存在课堂教学效率低、教学方法使用不规范等问题，导致高校公共体育排球教学无法取得良好的效果，也难以很好地提高大学生身体素质。面对此种情况，教师要想让大学生在公共体育排球课程学习过程中始终充满激情，做到注意力集中，就需要转变教学方法，在教学中合理使用团队教学模式，通过团队教学模式让大学生可以在学习过程中学会竞争与合作，做到主动学习，保证

---

[1] 刘娟. 茶思维中"工匠精神"对排球战术教学意识培养的重要性[J]. 福建茶叶，2017，39(11)：316.

每一位大学生在公共体育排球课堂上都能积极参与活动，发挥集体力量，充分展现出凝聚力和向心力，从而可以学会打排球的技巧，提高公共排球教学质量[①]。

三、团队教学模式在高校排球教学中的应用探讨

（一）高校注重公共体育排球课程指导思想的改革工作

在全民健身盛行的背景下，人们对体育课程的重视程度逐渐提升，此种情况下，高校要想顺利落实公共体育排球课程，就需要注重公共体育排球课程指导思想的改革工作，具体可以从以下两个方面入手：一方面，高校需要培养大学生"终身锻炼"的好习惯，鼓励大学生多多参加体育活动，培养身体素质；另一方面，高校需要培养大学生养成正确的生活方式，并不断加强大学生心理素质、生理健康等方面内容的教学，根据大学生身体情况，针对性制定公共体育排球课程教学体系，从而保证公共体育排球课程能够顺利展开[②]。

（二）高校注重公共体育排球课程教学内容的调整工作

现阶段，教育行业的改革，对高校公共体育教学又提出了新的要求，要求培养大学生的实践能力、创新能力。面对此种情况，高校在开展公共体育排球课程教学时，就需要对教学内容进行适当调整，在排球课程教学中将重心落实到大学生，根据每一位大学生的身体需要，合理制定排球课上的训练内容，并适当融入一些操作性强的教学内容。在此种情况下，就可以充分调动每一位大学生对排球课程的学习兴趣，让大学生迅速融入公共体育排球课堂中。

（三）高校完善公共体育排球课程的团队教学模式

团队教学模式作为一种全新的教学模式，在教学中强调大学生集体学习，力求培养大学生团队协作能力。面对此种情况，高校要想在公共体育排球课堂上顺利使用团队教学模式，就需要完善公共体育排球课程的团队教学模式，具体做到以下几点。

第一，高校需要在教学过程中注重从多层次、多方面让大学生接触排

---

① 曾黎. 排球教学方法与训练[M]. 成都：西南交通大学出版社，2015.
② 于雅光. 高校排球课教学中学生排球意识培养研究[J]. 知识经济，2014(2)：148.

球，让大学生在接触排球的过程中享受排球带来的快乐，帮助大学生找到学习排球的动力。

第二，高校需要完善排球课程的团队教学评价方式，在排球教学中注重综合性考查，对大学生展开主动评价，确保团队教学评价方式合理，能够顺利完成排球课程的教学指标。

第三，高校在排球课程教学模式创新过程中，需要充分做到与时俱进，合理地改善教学方式，教学中以学生为根本，促使每一位大学生在排球课程学习完毕后都能提高综合素质，进而提高教学质量。

（四）高校需要重视排球教师的培训工作

教师要想保证公共体育排球课程中顺利使用团队教学模式，就需要在教学前期对排球教师展开培训工作。一方面，加强排球教师服务意识，让其在排球课程教学过程中可以做到始终为大学生服务，让大学生在排球课堂上处于主动位置；另一方面，高校需要让排球教师与大学生建立良好的师生关系，让大学生充分信任教师，愿意在教师带领下开展团队学习，确保团队教学模式的顺利使用。需要注意的是，排球教师在团队教学模式下，需要引导大学生主动参与排球学习，为大学生设置不同的问题，让大学生通过团队合作解决问题，培养大学生团队协作能力，使其养成大局观念。

总而言之，在高校公共体育排球教学中使用团队教学模式是时代发展的必然趋势，不仅可以活跃公共体育排球课程的课堂氛围，还可以让每一位大学生都掌握传球、垫球以及发球的技术，让大学生在排球课堂学习过程中更加主动。与此同时，团队教学模式还可以帮助大学生实现全面发展，让大学生增强团队意识，并不断提高对身体素质的认识，在排球课堂上可以始终集中注意力，从而保证公共体育排球课程教学质量，实现教学目标。

第四节　兴趣教学模式

一、兴趣与兴趣教学简述

（一）兴趣的概念

兴趣本身是一个很复杂的概念，含义十分丰富，与很多心理现象相联系，但又不简单地等同于其他心理现象。由于兴趣这一心理现象本身的复杂性，人们难以全面地对它进行把握与测量，很多研究者认为，兴趣是一个难以捉摸的概念，很难明确地规定[1]。兴趣是指个体在自我选择的基础上，自觉专注于某一对象、投入某一活动，并伴随着强烈的情感体验和积极认知探究的心理状态。

（二）体育兴趣的概念

体育兴趣是人们积极认识和优先从事体育活动的心理倾向。它是同参与体育活动的需要相联系的意向活动。一个人如果对体育活动感兴趣，就会积极参加，全力投入，活动的结果将是需要的满足并由此得到积极的情绪体验[2]。所以，体育兴趣是体育参与的基本动力之一，它影响着人们体育参与的具体活动方向和强度。

（三）兴趣教学模式的概念

兴趣教学模式就是指在教学过程中，针对教学的重难点、要点及阶段教学目标任务，遵循运动技能形成的规律，以趣味性的原则和思路设计练习，使学生在充满趣味、愉快的氛围中学习掌握基本技术的一种教学形式和与之配套的系列趣味性练习方法。

二、兴趣教学模式的实践意义

（一）激发学生的学习兴趣

兴趣是激发学生学习潜能的重要的内在动力性因素。排球兴趣是吸引学生从事排球运动的基础动力，也会直接影响学生学习排球的情绪与效果；是促进学生参与体育活动最积极的因素，也是影响学生学习排球态度的重要因素。由于受排球技术特点要求的限制，排球技术的教学往往是枯燥乏味的，加之传统教学模式单一、缺乏创新性，容易使学生产生疲劳，降低学生的学习兴趣。因此，想要学生积极主动地参与排球运动，就必须先激发学生的学习兴趣。兴趣教学模式通过有趣的练习方式，能让学生在游戏中潜移默化地学习排球技术，在技术练习过程中感觉不到枯燥，从而能够激发学生的学习兴趣，促使学生积极主动地参与到排球教学中。

---

[1] 何旭明.学习兴趣的唤起[M].北京：教育科学出版社，2010.
[2] 邵伟德.体育教学模式论[M].北京：北京体育大学出版社，2005.

（二）提高排球课的教学质量

在排球教学中，兴趣能促使学生对排球运动产生良好的情绪体验，克服和战胜各种困难，增进练习技术的信心和勇气，对促进各技术全面发展起着良好的动力性作用。兴趣教学模式以其自身的趣味性、娱乐性转变了学生对排球课基本技术教学的传统看法，使他们不再认为排球基本技术的练习是枯燥乏味的。趣味性的练习方法将学生的注意力吸引到排球技术的练习当中，通过在游戏中学习排球技术，能够满足学生追求愉悦、快乐的心理需求，淡化学习排球技术会痛苦的思想，使学生在愉悦的氛围中学习排球技术，有利于发掘学生探究性学习的能力，促使学生自主地去学习，从而提高排球课的教学质量。

（三）促进学生学习排球技术动作

兴趣教学模式针对排球各基本技术，遵循排球运动技能形成过程的特点，设计了一系列的趣味性练习方法。各种趣味性练习方法设计的基本素材均来自排球运动基本技术动作，因此，学生在学习排球各技术动作时，都能找到与之匹配的趣味性练习方法。而兴趣教学模式趣味性练习方法的设计，又遵循排球运动技能形成过程的特点，学生在学习排球技术时，无论是技术动作的泛化阶段、分化阶段，还是自动化阶段，都能找到各技术动作的练习方法，有利于促进学生学习排球技术动作机制的形成。

三、兴趣教学模式在高校排球课程中运用的设计

（一）构建兴趣教学模式

兴趣对任何个体的学习都具有以下功能：其一，提升个体对事物的探究功能；其二，提升个体自主学习功能；其三，提升个体学习热情的可持续功能。可见，兴趣是个体参与或学习某一活动的直接动力。学习兴趣的提高，可以激发学生学习的主动性，挖掘学生探究性学习的潜能，从而促进教学质量的提高。通过搜集资料，咨询专家学者，并根据排球运动技能形成过程的特点，针对教学的重难点及阶段教学目标任务，设计了一套科学的、有趣味性的教学模式，即兴趣教学模式。所谓兴趣教学模式，就是指在教学过程中，针对教学的重难点、要点及阶段教学目标任务，以趣味性的原则和思路

设计练习，使学生在充满趣味、愉快的氛围中学习、掌握基本技术的一种教学形式和与之配套的系列趣味性练习方法。

（二）明确兴趣教学模式运用的控制

兴趣教学模式在教学方法的设计上具有针对性。根据不同的教学阶段，为排球各基本技术的练习设计了不同的趣味性练习方法，让学生在练习过程中，不只是为了游戏而参与游戏，更多的是通过游戏对各技术进行学习。由于兴趣教学模式具有趣味性的特点，在课堂中运用时，学生兴奋性容易过高，导致学生的注意力集中在玩游戏上，或者是在有竞赛性的趣味性练习中一味追求胜利，而忽略了动作的质量和规格。为了解决这一问题，就要求教师在运用这些教学方法时注意强调练习的要求。同时，教师除了对练习要求的实施进行监督，还要在学生练习过程中，不断对学生的动作进行纠错，使学生及时改进错误动作，掌握良好的技术动作。

（三）兴趣教学模式的设计思路

在对实验班进行教学时，教师根据排球选修课的教学内容和教学目标任务，选择有针对性的趣味性方法，并按照一定的教学程序进行教学。首先通过准备部分选择合理的游戏活动，其次按照教学目标任务选择有针对性的趣味性教学方法，再次运用这些教学方法实施教学，最后控制教学方法的实施并完成教学目标。按传统程序对对照班进行常规教学。

1. 遵循排球运动技能形成的规律设计兴趣教学模式

运动技能在时间和空间的结构上具有固定不变的特性。以巴甫洛夫高级神经活动学说为基础，运动技能形成的过程可划分为三个阶段："泛化过程——分化过程——巩固最终达到动作自动化。"[1]因此，排球基本技术教学中兴趣教学模式系列方法的设计思路，需遵循并反映运动技能形成过程各阶段的特点，具体表现如下。

（1）遵循排球运动技能形成泛化阶段的特点设计趣味性练习方法。学生刚开始学习体育动作时，能很容易对具体动作产生感性认识。学生在对具体动作产生感性认识的过程中，容易产生大脑的兴奋性。但是身体内部因素对

---

[1]宋元平，马建桥.排球运动技能学习分析[M].北京：北京体育大学出版社，2011.

大脑皮质的抑制因素是未知的，所以大脑皮质中的兴奋与抑制都呈现扩散状态，使条件反射暂时不稳定，出现泛化现象。

在排球运动技能形成的泛化阶段，学生通过一段时间的练习，对排球运动有了最初的认识，比如对一些基础性技术有了初步感知。但此阶段学生对排球运动认识并不深刻，尤其是早期排球基本技术的练习较为枯燥甚至艰苦，其技巧性和机体所要承担的运动负荷造成学生产生良好的情绪体验，常常让初学者对排球运动的第一印象与最初的认识出入较大，而这一阶段也是学生对排球产生第一感觉或印象，并决定是否持续参与运动的关键时期。可见，在排球运动技能形成的泛化阶段，要有兴趣作为内在的"激素"来激发学生的学习热情。因此，这一阶段的技术学习需要兴趣导入，来调动学生练习的积极性和主动性。

（2）遵循排球运动技能形成分化阶段的特点设计趣味性练习方法。通过反复不断的练习，初学者能够初步了解排球运动的基本技术。在练习过程中，学生会逐渐改正错误动作，而像协调性差之类的问题也会得到解决。在这一阶段，大脑由于抑制过程的逐渐加强，使分化抑制随之得到发展，条件反射趋于稳定，大脑皮质的活动渐渐由泛化阶段进入分化阶段。

在排球运动技能形成的分化阶段，学生通过一段时间的技术学习后，会遇到很多困难。常见的有对于能否正确掌握一些难度较大的技术动作缺乏必要的信心和勇气，甚至是心理障碍，等等。如按传统的教学方法或在教学中单纯地加强学生意志品质教育去增强学生的信心，往往是克服了一个困难，还会出现新的困难，学生会继续产生新的畏难情绪，而最终导致教学工作事倍功半，无法取得满意的效果。在这一阶段，可以将难度较大的技术分解，使其简单化后再以游戏设计呈现，在这些技术练习中融入趣味性元素，学生在排球技术的练习中较容易获得成功体验，从而不断增强自信心，消除各种畏难情绪和学习技战术过程中的一些心理障碍。

（3）遵循排球运动技能形成自动化阶段的特点设计趣味性练习方法。经过一段时期练习后，学生对排球技术的掌握程度有所提高，由此会对排球运动产生良好的情感体验，以直接兴趣为动力的学习动机开始起主导作用，对某一项技术可能会产生较大的兴趣，但对某一些技术又可能产生忽视现象或厌烦情绪。如愿意练发球技术，而不喜欢接发球技术；愿意练扣球技术，而排斥防守技术练习，等等。究其原因，还是接发和接扣这些抗打击性技术练起来艰苦又乏味。为了消除这些不良现象，可以使这些防守类技术的练习趣味化。在趣味化的教学中，可驱使学生由被动的"要我练"转化为主动的"我要练""要练好"的积极的状态；让学生认识到抗打击类技术技能的价值，最终使练好这类技术成为一种内在需要。

综上所述，兴趣在排球学习的各阶段，都可以使学生对排球运动产生良好情绪体验，克服和战胜各种困难，增进训练的信心和勇气，促进各技术全面发展。而兴趣教学模式及教学方法的设计就是根据排球运动技能形成的这三个阶段，设计不同的、有趣的练习方法，这将对教学质量的提高和学生参与排球运动的可持续性起着促进作用。

2. 遵循各教学阶段的要求对排球基本技术设计趣味性练习方法

运动技能是指按一定要求完成动作的能力。运动技术技能的教学是体育教学的主要形式。但是普通高校体育选修课的主要目的是培养学生对体育运动的兴趣，让学生在体育运动中达到锻炼身体的效果。针对普通高校排球选修班的学生，在教学过程中，应以排球基本技术为教学的主要内容，同时运用趣味性的教学方法，使学生既享受到运动带来的快乐，又能使身体素质各方面得到提高。

由于学生对排球技术的掌握是一个从不会到会的循序渐进的过程，所以考虑到学生的兴趣以及排球运动技术技能形成的规律等各方面的因素，在兴趣教学模式中教学方法的设计与运用上都遵循由简单到复杂的教学原则，把整个教学实验过程分成三个阶段实施：掌握基本技术阶段、巩固提高技术阶段、技术运用阶段。针对排球的各项技术和学生学习排球动作过程的不同阶段，设计了一系列趣味性的教学方法，在教学过程中，将这些方法贯穿课堂之中。其中，在各个教学阶段具有代表性的练习方法设计如下。

在排球教学技术掌握阶段，学生处于学习排球技术技能的初级阶段，也处于动作技术技能形成过程中的泛化阶段。根据动作技术技能形成过程泛化阶段的特点，在这一阶段的主要教学任务是使学生对所学技能有所了解，能建立正确的动作影像，初步学习技术动作。一方面，通过使学生做一些多接触球的练习，让学生熟悉球性；另一方面，多做一些抛接动作，配合简单的步法游戏。

针对本阶段排球动作技能形成的特点，对排球各基本技术做出了以下趣味性练习方法的设计。首先在课的准备部分可以结合排球器材设置排球操，排球操的设置既可以使学生不断地接触排球，培养学生的球感，还可以作为每节课的准备活动。其具体做法是每个人持一个球，在教师的带领下做以下动作：

（1）左右手交换持球做肩绕环。

（2）振臂扩胸，左右交换持球。

（3）左右手交换持球做转体。

（4）全蹲把球放在地上，起立双臂上举，再全蹲持球起立并两臂上举。

（5）高抬腿，膝在腹前触球。

（6）前后交换腿做弓步，将球从腿下穿过左右手交换持球。

练习要求包括：学生听教师的口令做动作，动作要规范。

准备姿势与移动。正确的准备姿势和快速及时的移动是完成排球发球、垫球、传球、扣球等各技术的前提和基础。因此，为了使学生形成正确的身体姿势，同时加强对学生移动步法的练习，可以运用"运西瓜"这一练习方法对排球的准备姿势和移动进行练习。其练习方法为：将学生分为若干队，每队以排球场的端线为起点，中线为终点，听到信号后，排头做好准备姿势，然后手拿一个排球在胸前，做交叉步或者并步向前移动，至终点后迅速返回，在端线处将球交给下一位同学，全队依次进行，最先完成的队伍获胜。练习要求：移动过程中必须运用并步或者交叉步；到端线处将球交给下一位同学。

在对准备姿势和移动的练习过程中，还可以进行通过"推拨球接力赛"来解决学生在移动过程中身体重心过高的问题，培养学生的控球能力。练习方法包括：学生平均分成两组，成纵队站于端线后，每队第一人低蹲，手里持一球。听到信号后，第一个人将球推滚前进，滚至中场绕过障碍后返回，将球给本队的下一个人，然后站到队尾。全队依次进行，速度快的队伍获胜。在练习过程中，可以用两个球做地滚球，以增加其难度。练习要求包括：不许持球跑，否则重做；触球时手要始终摸到球。

（四）实施兴趣教学模式的注意事项

兴趣是最好的老师，有趣才能使学生情绪活跃，全身心地投入排球技术的学习中。趣味也是调动学生积极主动性的有力杠杆，缺乏趣味性的练习方式将会从根本上失去对学生的吸引力。但在提高和加强练习趣味性的同时应注意以下几个问题：一是在排球课的教学过程中，教师要避免使各种趣味性练习方法成为学生单纯的玩耍娱乐游戏；二是按排球基本技术技能形成的规律和各教学阶段的教学任务，设计趣味性练习方法，练习过程中应体现教师与学生之间的互动、对学生的纠错、指导、语言提示等教学环节；三是教师在运用趣味性练习时，要注意引导学生将注意力与思维活动集中于学习排球技术动作环节上；四是在兴趣教学模式运用的过程中，要注意将学生在趣味性练习中的热情与兴趣转化为"自主式""探究式"学习，启发与调动学生学习的潜能。

第五节 分层互助教学模式

随着教育制度的改革，人们更加注重教学模式的创新，只有改变和创新以往落后的教学模式，破除教学中存在的弊端，才能始终满足现实教学的需要。对于大学排球教学来说，传统教学模式比较单一枯燥，学生缺乏参与运动的积极性，教学效果不高。将分层互助教学模式进行合理运用，可以将学生依据个体差异分为不同层次进行教学，提出相应的要求，使所有学生获得成功的喜悦，这可以为学生终身体育锻炼打下良好的基础。

一、分层互助教学模式的概念与指导思想

（一）分层互助教学模式的概念

所谓分层互助教学模式，就是教师在教学中要关注每个学生在学习兴趣、能力水平、基础掌握等方面的差异，将所有学生划分为多个不同的层次，为每个层次的学习都制订科学适宜的教学目标，运用恰当的教学指导方法，鼓励学生之间共同讨论交流、相互帮助，同时还要注重做好对学生反馈信息的收集和分析，进行有针对性的指导，让每个学生都能够得到相应的进步和提高，从而促进教学质量的提高[1]。

（二）指导思想

分层互助是一种新型的教学模式，其指导思想就是要充分发挥不同层次学生之间互动交流的社会性作用，引导学生进行相互帮助，从而促进学生学习积极性的提高，在提高教学质量的同时，也能有效地培养学生的社会性，

---

[1]王薇.高校排球运动教学与训练发展研究[M].长春：吉林出版集团股份有限公司，2022.

提升学生的人际交流能力和团队协作精神[1]。具体来说，主要包括以下几个层次：一是重点强调同一层次学生之间应该进行良好的团结合作，不同层次学生之间也要注重公平竞争；二是将同一层次学生放在同样学习环境条件下，鼓励他们之间进行公平的竞争学习，激发其学习兴趣和动力，实现内部的良性互动发展；三是不同层次的学生应相互帮助、相互竞争，培养学生未来适应社会的能力。

二、大学排球教学中分层互助教学模式的应用

（一）以学生为教学主体，坚持因材施教原则

依据现代教育理念的要求，学生在教学中占据着主体地位，教师的所有教学活动都应该围绕学生这个核心进行科学的设计，充分发挥学生的主观能动性，才能从根本上促进教学质量的提高。对于大学排球教学来说，一个班级内所有学生的排球基础和技能水平是不一样的，如果教师没有做到以学生为主体，忽视了他们的个体差异，还是采取以往统一化的教学模式，很多时候都难以照顾到那些基础水平差的学生，也无法满足一些学生排球发展的个性化需求。

因此，教师就需要将分层互助教学模式合理地进行运用，坚持因材施教的原则，对不同层次的学生进行针对性的教学。对于基本层次的学生，可以先加强排球理论知识的讲解，逐步要求其掌握排球技法，关键是要培养其兴趣和信心；对于高等层次的学生，需要进行排球技能上的强化训练，鼓励交流切磋，提高排球竞赛技能。另外，还要注重倡导"一帮一"的学习模式，排球基础能力强的学生应该帮助其他在这方面较差的学生，形成强弱搭配的学习模式，这样有助于促进基础较差的学生提升排球水平，也让排球水平强的学生得到进一步的基础巩固，同时锻炼和提升表达能力，增进同学友情，营造出和谐浓厚的学习氛围。

（二）做好动态化调整，增强学生的竞争意识

任何事物都是在不断发展变化的，在大学排球教学中开展分层互助教学模式，也不能在层次划分之后就始终不变了。学生通过接受分层互助教学的指

---

[1]江海涛.分层互助教学在排球教学中的实施[J].体育时空，2015(5)：128.

导，在排球水平上都会实现相应的提升，当然有些学生也可能不思进取水平下降，所以教师应该根据具体的实际学习情况，跟随学生学习状况的变化，做好相应的动态化调整，确保学生始终处于适当的层次上。经常调整变动不同层次的学生，也是对学生学习状况的一个有效评价，这样有助于调动所有学生学习的积极性，学生的竞争意识和团队合作精神进一步增强，从而促进学生的排球水平和综合素质的提升。

（三）科学的差异化设计，提供针对性的教学指导

分层互助教学模式的运用需要一定的专业能力做基础，这对教师自身的专业教学素质提出了新的更高要求。教师应该做好科学的差异化设计，针对学生存在的问题，实施有效的对策进行相应的指导，确保实现预期的教学效果。笔者经过实践教学调查发现，当前大学生在排球学习中主要存在发球得分意识不强、战术意识不够、队员配合不好、攻防转换意识不佳等问题，只有解决这些问题，才能有效提升学生的排球水平。比如，对于排球发球得分意识不强的问题，教师应该细化发球理论知识的讲解，做好发球技术专业训练，对于低层次学生要确保他们能够发球过网，对于中高层次学生则要增强其发球得分意识，培养高难度发球技术，演练有效的发球战术。再如，针对学生战术意识不够这个问题，也可以对学生进行分层的指导教学。对于低层次学生要求他们模拟练习一两种战术，要有良好的战术意识；中等层次学生应该在此基础上强化几种固定的专门技战术，具备良好的战术素养；高层次学生则应该具备良好的独立分析能力，针对竞争对手、场上队员配置等情况谋划有效的得分战术，学习专业排球运动员的战术战法，不断提高排球比赛能力水平。

（四）组内教学，提高组排球队训练效果

所谓组排球队，是指教师在实际教学中，根据每组学生的排球能力而组建排球队，其目的在于有效提高学生的排球综合能力，使小组训练成果更加高效，以达到一种"以点带面"的训练效果与目标。由此可见，加强组排球队训练对提高课堂教学质量以及学生的排球能力都具有一定的现实意义。组内教学法是新课改以来一种高效的教学方法，其最为显著的特征就在于能够充分发掘学生的学习潜力，使每位学生都能够在有限的训练时间内取得最大化、最优化的学习收益。因此，在高校排球教学中，教师要切实提升自身的

专业能力与教学水平，要善于采用组内教学法展开教学，最大限度地提高组排球队训练效果与质量，为学生今后的排球学习与发展打下良好基础[①]。

为了有效地提高组排球队训练效果，让大部分学生基本掌握上手传球技术动作，教师要摒弃传统的教学方式，采用组内教学法展开教学。首先，根据学生的兴趣爱好及排球能力合理分组，并组建成若干个排球队；其次，让各组排球队演示之前所学过的一双手垫球技术，并给予一定的评价，以充分调动学生的学习动机；再次，为全班学生讲解上手传球的相关知识，如其特征为迎球缓冲、连贯击球，技术要点大致可总结为"对""迎""引""申"四个主要动作；最后，再让各小组排球队进行练习，在练习过程中，教师平等参与，展开组内教学，提高训练效果，促进学生自主锻炼意识的形成与发展。

（五）有效评价，树立合作学习信心

评价是排球教学中必不可少的环节，同时也是帮助学生树立合作学习意识与训练信心的重要途径。因此，在高校体育排球教学中，教师既要优化学生的合作学习过程，让学生在合作中体验到学习的乐趣，也要注重对学生的合理评价，使学生对排球体育项目的重要意义和价值能有更为深刻的认识。例如，在教学完"排球"这一课内容后，教师将学生分为两个活动小组，一组学生练习对垫，一组学生练习自垫，并要求以组为单位进行合理自主评价，让对垫组学生看自垫组学生练习，并计算垫球的成功次数，对自垫组学生的基本动作做出合理评价；反之，也是如此。让学生在评价中巩固所学的排球知识，促进自身灵敏性和协调能力的发展。待两组学生在实践中相互评价结束后，再总结两组学生在练习中存在的问题，做出统一评价，从而让学生在学习中能够形成正确的体育观念。

总之，分层互助教学模式是教育改革背景下产生的一种新的教学模式，具有极高的教育价值，大学体育教师在排球教学过程中，要注重将其合理运用，围绕学生进行相应的分层设计，做好相关组织和协调工作，进行针对性的指导，从而切实提高学生的综合素质能力。

[①]王健.高校排球教学理论与方法研究[M].北京：团结出版社，2018.

第五章　排球技术教学训练方法

排球技术教学训练方法的实施是一个系统性的过程，旨在通过科学的训练手段帮助学员掌握排球的基本技术、提高运动表现并培养比赛能力。本章主要阐述了准备姿势和移动教学训练、发球技术教学训练、垫球技术教学训练、传球技术教学训练、扣球技术教学训练、拦网技术教学训练等内容。

第一节　准备姿势和移动教学训练

一、准备姿势的教学训练

（一）准备姿势的教学训练难点

排球运动的准备姿势是各项技术的基础。为了及时起动、快速移动，以便在合理位置上完成各项技术动作，达到战术目的，要求思想高度集中，身体处于最合适的移动和防守状态中。

排球准备姿势和移动的关系密切，不可分割。准备姿势主要是为了移动，反过来说，要移动迅速就必须做好正确的准备姿势。为此，必须根据预先判断做出各种准备姿势。对初学者来说判断十分重要，也是教学训练的难点。

（二）准备姿势的教学训练顺序

排球正确的准备姿势按其身体重心的高低，可分为半蹲、稍蹲和低蹲三种。其中半蹲的运用最多。在准备姿势教学中，应以半蹲准备姿势作为重点内容，稍蹲次之。在初步掌握传、垫和扣球技术后，再结合后排防守学习低蹲准备姿势[1]。

---

[1]张然.新编排球训练纵谈[M].南京：河海大学出版社，2019.

(三）准备姿势的教学训练步骤

1. 讲解与示范

主要讲解的内容包括：准备姿势的目的、作用；准备姿势的分类；半蹲准备姿势动作要点；半蹲、稍蹲、低蹲准备姿势的相同点与区别。教师面对学生采用边讲解边示范的方法，既要做正面示范又要做侧面示范。

2. 练习方法

（1）看手势做动作。全体学生站成两列横队，教师向上举手时，学生直立；平举时，学生做半蹲准备姿势。

（2）原地跑步。在跑的过程中看到信号，立即做好半蹲、稍蹲或低蹲准备姿势。

（3）两人一组做好半蹲准备姿势，设法手摸对方的背部。始终保持好半蹲准备姿势。

（4）全体学生围成圆圈慢跑，听教师哨声向前跨一步做"半蹲—稍蹲—低蹲"准备姿势。

3. 训练方式

要把准备姿势的训练方法贯穿在各项基本技术训练中。

（四）准备姿势的教学训练注意事项

在进行准备姿势的教学训练中，要注意以下几点。

第一，初学准备姿势时，重点学会半蹲准备姿势，逐步建立正确动作定型。学习准备姿势时要自然放松，切忌紧张。

第二，准备姿势的教学要与移动结合起来。基本掌握之后，再在学习其他技术中巩固提高。多采用视觉信号反应来练习准备姿势和移动。

第三，由于动作方法简单，不易被重视，教师在讲解中，可结合其他运动项目，如田径中的起跑，启发学生对准备姿势重要性的认识。

第四，进行对比练习。一人身体直立，两手叉腰；另一人做好半蹲准备姿势，听教师口令两人同时起跑触及排球。比较用两种姿势完成动作的速度。

第五，在教学中，教师可采用正、误技术动作交替演示的方法，在对比中加深学生对技术动作的认识。

第六，采用多样化的练习方法，提高学生学习兴趣，如采取游戏的形式进行教学。

二、移动的教学与训练

（一）移动的教学训练难点

从起动到制动的过程称为移动。移动的目的主要是及时接近球，保持好人与球的位置关系，以便击球。迅速地移动可占据场上的有利位置，争取时间和空间。队员能否及时移动到位，直接影响着技战术的质量。移动由起动、移动步法和制动三个环节所组成。移动教学训练难点在于起动快慢，关键是准备姿势和起动的衔接。

（二）移动的教学训练顺序

移动教学应以并步、滑步、交叉步、跑步、跨步的顺序进行。一般安排在课的前段，可结合发展反应、灵敏、速度、协调等身体素质的练习同时进行。

准备姿势和移动的练习，大多安排在课的准备部分，结合发展反应、灵敏、速度、协调等身体素质进行练习。

（三）移动的教学训练步骤

1. 讲解与示范

移动的目的、作用，移动与准备姿势的关系，移动的分类及在比赛中的运用，可采用边讲解，边示范。向左、右移动时用镜面示范；向前后移动时做侧面示范。示范位置与队形和准备姿势相同。

2. 练习方法

（1）集体移动练习：全体学生成两列或四列横队，以半蹲准备姿势站立，看教师的信号（手势或持球）做向前、后、左、右移动。包括一步或两步移动。

（2）两人面对站立成半蹲准备姿势，双手互拉，由其中一人主动做向前、后、左、右的一步移动，另一人跟随做。

（3）两人一组，一人持球向前、后、左、右抛球，另一人不停地快速移动用低手或上手接球。

（4）三人一组，平行站在端线处，学生做原地跑，看到教师信号后立即快速起动冲刺跑至进攻线或疾跑后穿过球网。

（5）队形同上，学生以坐、蹲、卧等不同姿势，听信号后快速起动冲刺6米，然后放松慢跑回。

3. 训练方法

（1）队员站在中线与进攻线之间，用低姿势左、右交叉步或滑步来回移动，并用手摸中线和进攻线，若干次为一组。

（2）队员在网前做3米或9米横向往返跑。

（3）队员在规定地点做好移动的准备，教练员以垂直抛球为信号，队员力争在球落地之前从球下钻过去。抛球高度根据移动距离而定，尽量促使学生以最快的速度和较低的姿势钻过去。

（4）两队员在场地任何一条线的两侧对面站立，一人向左右两侧任意移动，另一人随之进行移动，不使对方把自己晃开后冲过线。

（5）两队员隔网在中线两侧对面站立，一人任意向两侧自由来回移动，力图晃开对方钻过网，并以到达对区3米线为胜利，另一人则力争截住对方。

（四）移动的教学训练注意事项

在进行移动的教学训练中，要注意以下几点。

第一，移动时要注意身体重心不能起伏，以免影响移动速度。

第二，利用视觉信号，结合球反复进行反应判断练习。

第三，可采用一些对抗性、游戏性练习增加学生学习简单动作的兴趣，提高学习效果。

第四，移动动作节奏与球的飞行速度、抛物线要相适应，过早、过晚地接近球都会破坏动作的连贯性。

三、准备姿势和移动的常犯错误与纠正方法

（一）准备姿势的常犯错误与纠正方法

1. 常犯错误

臀部后坐，全脚掌着地。

纠正方法如下：

（1）讲清要领，反复示范。

（2）讲清楚重心靠前的道理，两膝投影线超过脚尖。

2. 常犯错误

两膝僵直，重心太高。

纠正方法如下：

（1）练习中两脚保持微动。

（2）多做低重心屈膝姿势的移动练习。

（二）移动的常犯错误与纠正方法

1. 常犯错误

缺乏判断，移动慢。

纠正方法如下：

（1）结合视觉信号多做起动练习。

（2）多做短距离的各种抛接球练习。

2. 常犯错误

身体重心起伏过大。

纠正方法如下：

（1）强调移动后要保持好准备姿势。

（2）多做网下的往返移动练习。

第二节 发球技术教学训练

一、正面上手发球

（一）正面上手发球的教学训练难点

正面上手发球技术动作结构一般可分为抛球、击球、用力三个环节。其中，抛球是击球的先决条件，若抛球动作、位置、高度合适，则击球点和击球手法易稳定。从完成发球技术动作结构和发球效果看，抛球和击球是正面上手发球的教学训练难点[①]。

（二）正面上手发球教学顺序

学习正面上手发球之前，一般应先学习下手发球。初学的男、女生可同时学习正面下手发球；也可根据男、女生不同特点，女生学习侧面下手发球，男生学习正面下手发球；也可两种都介绍，而后再学正面上手发球。

（三）正面上手发球的教学训练步骤

1. 示范

教师要做规范的完整示范动作，展示给学生直观的形象。学生要站在教师的右侧，便于观看教师击球手的动作。

2. 讲解

教师讲解发球在比赛中的地位和作用；抛球、击球手法、击球部位。要做到语言精练，简明扼要，使学生理解和明确发球技术的关键。

3. 练习方法

（1）徒手练习：按照动作方法要求，徒手模仿练习。

（2）抛球练习：做向上抛球练习。

（3）对墙发球：距离由近到远。

（4）隔网发球：两人一组隔网发球，距离逐渐加长。

（5）发球区发球。

4. 训练方法

（1）把后场分成两个区域，要求把球发至规定区域内。

（2）把场地分成6个区域，要求把球发到规定区域内。

（3）在规定的时间内，将具有一定威力、速度、性能的球发到对方场内。

（4）在准备活动后，立即转入发球。规定性能，每人发10~20个球。

（5）双方人数相等，发规定性能的球，每人发10次，计算各方成功率。

[①] 刘文学，李凤丽. 排球运动训练与指导[M]. 长春：吉林摄影出版社，2017.

（6）二对二、三对三接发球对抗，统计得分率。

（7）四对四、六对六的对抗练习中，统计发球得分，统计破攻、一般、失误等情况。

（四）正面上手发球的教学训练注意事项

正面上手发球的教学训练有如下的注意事项。

第一，教学之初，反复强调发球在比赛中的作用。发球技术动作虽然简单易学，但正确掌握动作，还要靠个人的不断努力和认真的学习态度。

第二，抛球是发球的重要环节，抛球不合适会伴随着产生许多错误动作。因此，要强调抛球稳，即抛球的动作、抛球的位置要稳，抛球的高度要固定不变。

第三，击球是正面上手发球的难点，可做手腕推压动作的慢动作示范，使学生深入理解击球手法的关键动作，建立正确的动作概念。

第四，初学者，特别是刚刚掌握发球技术动作时，容易只想用力，不注意抛球和击球动作，急于求成的心理影响了正确技术的掌握，应加强这方面的教育与训练，才能收到良好效果。

第五，发球的攻击性是在准确的前提下实现的，初学阶段要重视发球的准确性训练，进入提高阶段要加强攻击性训练。

第六，发球训练比较单调枯燥，要采取措施。教学训练中除加强发球的重要性教育外，可采用具体要求和规定指标的方法。

二、正面下手发球

正面下手发球要领如下。

第一，准备：面向球网，两脚前后站立。

第二，持球：单手或双手将球平举至胸腹前。

第三，抛球：单手或双手将球平稳抛至身体右上方。

第四，击球：用手掌或掌根或拳的上部击球的中下部。

三、侧身下手发球

侧身下手发球的动作要领如下。

第一，准备：左肩对网，两脚开立。

第二，抛球：左手抛球于胸前一臂之远，离手高约0.3米，抛球的同时，右臂摆至右侧后下方。

第三，击球：在抛球的同时，右臂摆至右侧后下方，接着右脚蹬地向左转体，带动右臂向前上方摆动，在腹前以全手掌击球的右下方，随着击球动作，迅速进入场地。

四、正面上手飘

正面上手飘是一种使发出的球不旋转，从而使球不规则地向前飘晃飞行的发球方法。准备姿势与正面上手发球相同，但站位离端线距离变化较大，发远距离飘球时，距离端线要远些，发近距离飘球时，要站得距离近些。

（一）抛球摆臂

左手将球平稳抛至右肩前上方，稍靠前些，离身体水平距离约半臂左右，抛至相同于击球点的高度，这样便于直线加速挥臂去击球。在抛球的同时，右臂屈肘抬起并后引，肘部略高于肩，两眼注视球。

（二）挥臂击球

当球上升至最高点时，收腹带动手臂快速挥动，以掌根坚硬平面击球的后中下部，使作用力通过球体重心。击球时，五指并拢，掌心向前，手腕紧张并后仰，用力快速、突然、短促，击球后可做突停或下拖动作，不能有推压动作。击球后，迅速进场比赛。

五、勾手发球

勾手发球所发出的球不旋转而在空中飘晃不定，具有很强的攻击性。发球队员由于采用侧面站立，可充分利用腰部扭转带动手臂加速挥动。这种发球比较省力，对肩关节负担比较小，因而适用于远距离发飘球。勾手发球的技术要点如下。

第一，准备：侧面球网开立，左手持球于胸前。

第二，抛球：左手用托送方法，抛球于左前上方约一臂之高，右手向后下摆动。

第三，击球：击球时，右脚蹬地，上体向左转动发力，带动右臂加速挥动；挥动时，右手臂伸直，在右肩的左上方，用掌根或半握拳击球中下部；击球时，有突停动作。

第三节 垫球技术教学训练

一、正面垫球的教学训练难点

垫球在比赛中主要用来接发球和接扣球。根据比赛的需要，垫球技术可分为接发球垫球、接扣球垫球、接拦回球垫球和垫击二传球。垫球技术种类很多，运用广泛，但在教学的开始阶段要抓好正面垫球，其教学训练难点是击球，即击球点和击球部位[①]。

二、正面垫球的教学训练顺序

先学习正面垫球，在初步掌握正面垫球基础上，学习移动垫球、改变方向垫球、体侧垫球、背垫，而后可进行接发球、接扣球练习。

三、正面垫球的教学训练步骤

（一）讲解

正面垫球在比赛中的应用范围；正面垫球的动作方法及完成动作的要领；击球前准备姿势、手臂动作；击球点、击球时的身体协调用力和手臂用力方法。教其他垫球时，着重讲解其动作特点，并与正面垫球技术动作相对照，使学生明确其动作异同点。

（二）示范

先做正面和侧面完整动作示范，再讲解。也可边讲解边做慢动作示范。完整示范要侧面做，着重示范手臂的下插抬臂、击球点、身体协调用力等。

（三）练习方法

主要有以下的练习方法。

---

①王健.高校排球教学理论与方法研究[M].北京：团结出版社，2018.

第一，正面垫球前的准备姿势练习：学生先试做，再根据教师的口令或手势集体做，边做边纠正动作。

第二，徒手两臂插夹练习：学生先试做，然后根据教师的口令、手势集体做。

第三，徒手模仿垫球练习：学生先试做，而后根据教师的口令或手势集体练习。也可采用两人一组面对面站立，一人做练习，另一人观察及纠正动作。

第四，两人一组，一人双手持球于对方的正确击球点，另一人用垫球动作击球（不把球击出）；持球者使球自上向下移动，垫球者用正确动作击球后中下部，持球者可稍加压。

第五，自垫：每人一球，自己抛球后，连续向上自垫。

第六，两人一组相距3～5米，一抛一垫。

第七，两人一组相距3～5米，对垫。

（四）训练方法

主要有以下的训练方法。

第一，每人一球或两人一球，对墙垫球（人与墙的距离可逐步拉长，并逐步增加高度）。

第二，两人一组，一人向另一人的两侧1.5米处抛球。另一人移动后正面垫球。

第三，三人一组，两人抛球一人左右移动后正面垫球。

第四，教师在2号位向5号位抛球，学生依次轮流垫球。

第五，两人一组，相距6～8米站立，一人持球另一人做接发球准备。一人平掷球，一人垫球，完成一定数量后，两人交换。

第六，两人一组隔网站立，一人持球站在端线后，另一人站在场内，端线后的队员用下手或上手发球，发至对方场区，站在场区内的队员将球垫至2、3号位，完成一定数量后两人交换。

第七，两人一组相距3～5米，一抛，一单手垫球。

第八，两人一组相距5～6米，一抛，一快跑转身背对同伴垫回高球。

四、正面垫球的教学训练注意事项

正面垫球的教学训练有以下主要的注意事项。

123

第一，正面垫球教学首先要抓好垫击时的手臂型，强调含胸夹臂，小臂外翻，手腕下压使小臂形成平面。初学者两臂并不拢是常见的问题，教师应强调双手互握夹臂及压腕动作，或采取其他辅助练习。

第二，垫球时重心后坐。出现这种现象，原因是怕重球和垫球时没做好蹬地前送的动作，应先解决学生恐惧心理，并在学生垫球时给出口令提示"蹬"或"送"。

第三，垫球技术比较简单，但多在移动后的情况下完成。对初学者要强调保持好人与球的关系，使击球点保持在腹前。关键是先移动，才能保持正面垫球，勿过早教体侧和单手垫球。

第四，垫球时要克服摆臂动作，可在胸前夹一球，然后体会压腕抬臂动作。

第五，垫球手臂过于紧张，控制不住球的方向和落点。对此教师应逐步消除学生的恐惧心理，同时教会学生缓冲的方法。

第六，学习接发球一传时，要强调判断、移动、卡位对正来球方向，同时运用腰腹协调力量带动手臂控制击球力量、方向、落点。防守时强调判断、移动，以正面垫球为主，结合运用多种垫球方法，扩大防守面积。

五、发球技术常犯错误与纠正方法

（一）下手发球的常犯错误与纠正方法

1. 下手发球的常犯错误

（1）准备姿势太高。

（2）抛球太高太近。

（3）抛球与摆臂击球不协调。

（4）挥臂方向不正、击球不准。

2. 下手发球的纠正方法

（1）讲清概念，练习前做好准备姿势。

（2）直臂抛球距身体一臂远，反复练习抛球动作。

（3）反复结合抛球做摆臂练习。

（4）击固定球或对墙发球练习。

（二）上手发球的常犯错误与纠正方法

1. 上手发球的常犯错误

（1）抛球偏前、偏后。
（2）挥臂未呈弧形。
（3）手未包满球，无推压动作。
（4）用不上全身协调力量。

2. 上手发球的纠正方法

（1）讲清抛球方法，固定目标抛球练习。
（2）反复徒手做弧形挥臂或扣树叶练习。
（3）对墙轻扣球，体会手包球推压动作，使球前旋。
（4）掷小网球或用杠铃片或对墙平扣。

（三）上手飘球的常犯错误与纠正方法

1. 上手飘球的常犯错误

（1）抛球时高时低。
（2）挥臂不呈直线。
（3）击球不准，力量没通过球重心。
（4）抛球与挥臂动作脱节。

2. 上手飘球的纠正方法

（1）多做固定目标的抛球练习。
（2）做直线挥臂，或对墙击固定球练习。
（3）用掌根硬部击固定球或击固定目标练习。
（4）随着教师口令节奏进行抛球挥臂练习。

（四）跳发球的常犯错误与纠正方法

1. 跳发球的常犯错误

（1）抛球与助跑起跳脱节。
（2）起跳空中手与球接触保持不好。

（3）全手未打满球。

（4）腰腹力量用不上。

2. 跳发球的纠正方法

（1）多练抛球，助跑与起跳的配合。

（2）跳起空中击吊球练习。

（3）多扣抛向进攻线以后的球。

（4）对墙连续扣反弹球或多扣远网球练习。

六、教学训练中应注意的问题

在发球技术教学训练中，我们需要注意以下几个问题。

（1）发球技术教学应遵循由易到难、循序渐进的原则，在教学顺序安排上通常是先教下手发球，再教上手发球，最后教飘球、勾手大力发球及其他发球技术。

（2）教学中要抓住抛球动作与摆臂击球动作的协调配合，因为抛球是前提，击球是关键和难点。抓住抛球和击球这两个环节，强调抛球要平稳，挥臂动作迅速协调，击球准确。

（3）在发飘球教学中，教师应简单讲解球产生飘晃的原因和其在动作上与发旋转球的区别，让学生能主动思考发飘球的动作方法，体会击球用力方向、手法和击球的部位。

（4）在发球教学中，教师要合理安排教学与练习的时间，每次课应保持一定时间的发球练习。一般可安排在两个大运动负荷练习之间或课后进行。

（5）在发球教学中，由于发球练习的形式比较单调，教师要不断变化练习的方法，提出具体要求，并将发球与接发球结合起来进行练习。

第四节 传球技术教学训练

一、正面传球

（一）正面传球的教学训练难点

正面传球动作是由准备姿势、迎球、击球、手型、用力5个动作部分组成。在这些动作中，最主要的也是较难掌握的是触球时的手型。因为触球时手型正确与否直接影响手控制球的能力和传球的准确性，初学者只有掌握了正确手型，才能保证正确击球点和较好地运用手指、手腕的弹力[①]。

（二）正面传球的教学训练顺序

正面传球教学训练顺序，应从原地正面传球开始，在建立和掌握正确击球点、手型和用力后再学习移动传球。先学向前、后移动传球，再学向左、右移动传球。在掌握好移动传球之后，可进行转换方向的传球。

（三）正面传球教学训练步骤

正面传球教学训练步骤主要有以下内容。

1. 示范

可先进行示范，使学生学习动作之前建立一个完整的动作形象；也可讲解后再示范，或边示范边讲解。为了使学生看清动作，要正、侧面都示范。

示范的位置可在两排之间，也可在两排的前面进行示范。

2. 讲解

教师讲解正面传球的作用与重要性；传球技术动作规格，重点讲解技术的关键环节。语言应精练、形象，要领简明。

3. 练习方法

（1）徒手模仿传球的蹬地、伸膝、伸臂，在额前上方用正确手型做推送动作。

（2）轻轻向额前上方抛球，在额前上方用正确手型将球接住，然后将球放掉，自己检查手型和击球点正确与否。

（3）在额前上方轻轻向上连续自传。

（4）将球轻抛至额前上方后，用蹬地、伸膝、伸臂的动作传向对方。

（5）两人一组，一人持球保持正确击球点和手型，向前上方做推送动作；另一人用单手压住球，给球以一定的力量。

[①]陈诚. 现代排球技战术与实战训练研究[M]. 西安：陕西人民教育出版社，2019.

（6）两人一球，一抛一传。

（7）一人抛球，另一人向前移动两步传球或向左、右移动两步传球。

（8）两人对传。

4. 正面传球训练方法

（1）单、双人传球训练方法。一人对墙连续传球。近距离、远距离、自抛自传。一人向墙上固定目标连续自传；自传一次再传向墙上固定目标。一人肩对网站，连续向网上一定高度做自传。在排球场内移动自传。每向上自传一次，两手掌击一次；依传球高度增高，击掌次数可增加。站在3号位进攻线附近，将球抛向网前，而后移动到网前将球传向4号位。两人交替对墙传球；两人交替传从墙上落地反弹起来的球。两人移动对传落地反弹起来的球。一人抛球，另一人手扶墙或球网准备向前、向左、向右移动传球。两人面对面站在端线附近，相距3米左右，向侧前方移动传球前进（两人交换位置进行）。两人对传，传高球和传低球交替进行。两人隔网对传，由近及远。两人在网前，一人固定做顺网传球，一人先自传一次再传给对方。

（2）改变方向及结合球网的基本传球训练方法。三人站成三角形传球，三人传两个球。三人轮流向前移动后，头上自传。三人一组，交换位置传球；也可一人固定、两人前后交换位置传球。四人四角传球。四人移动传球。3号位向4号位传高球；3号位向4号位传拉开球。后排各位置向4号位或2号位传调整球。网前两人一组面对面站立，先自传一次，再传向对方，传后跑到对方排尾。

移动调整传球：6号位队员向4号位做调整传球后跑到4号位，4号位队员将球回传给6号位队员后跑到6号位。6号位的第二个队员向2号位做调整传球后跑到2号位。2号位队员将球回传给6号位队员后跑到6号位。1号位队员做调整传球传向4号位，4号位队员回传给1号位队员。5号位队员做调整传球传向2号位，2号位队员回传给5号位（四人分两组，用两个球）。队员从6号位移动到3号位正传给2、4号位，传给谁就移动到谁的位置上，2、4号位队员将球传向3号位后，跑向6号位。A接B的来球传向2号位网前，C从进攻线移动到网前做一自传球后回到原位，D随C移动到网前，将C的头上自传球传给B，B再回传给A。

（四）正面传球教学训练注意事项

正面传球教学训练注意事项主要有以下几点。

第一，教学时应先着重抓触球时手型，它是正面传球技术动作的关键环节，也是教学的难点。为此，教学时应自始至终抓住形成正确手型这一重点。

第二，由于初学者易产生怕挫伤手指的心理，因此，易形成错误手型，也就越容易挫伤手指。因而在教学时，首先从简单的练习开始，如抛球给学生，创造便于形成正确手型的条件。同时，对触球刹那时的手型和击球时的手指、手腕动作进行正误对比，这样有助于提高识别正确传球动作的能力和掌握正确传球动作。

第三，教学之初，为预防产生错误的传球动作，应先向学生讲解传球时易犯的错误，以引起学生的注意和重视。同时，相应地采取防止错误动作产生的教学措施。

第四，初学阶段应注意抓徒手模仿及简单的基本练习，打好基础，注重实效。如多练一般向前上方传球，先原地后移动，由近及远，以利于形成正确的传球动作。

第五，传球动作看似简单，实际上技巧性高，掌握难度大，不易提高学生的学习兴趣，单一的练习会使学生感到枯燥乏味，故在教学内容安排上，应根据学生实际，采用一些能提高学生兴趣的练习方法和手段。

二、一般二传

（一）一般二传的教学训练难点

一般二传是一种转方向的传球技术。这种二传目标明确、动作难度不大、易控制方向和落点，动作方法基本与正面传球相同。当后排一传不到位时就需二传队员迅速移动取好位，利用全身协调力量将球传至适合扣球的位置上。为达到组成战术和实现战术的目的，在教学训练中要抓二传队员的取位和身体协调用力。因为迅速移动、取好位对正来球是传好球的基础，而全身协调用力是控制传球准确的关键。这两个动作是二传教学训练的难点[①]。

（二）一般二传的教学训练顺序

一般二传的教学训练顺序，应在正面传球的基础上，做结合网的向左、

[①] 曾黎.排球教学方法与训练[M].成都：西南交通大学出版社，2015.

向右转方向的传球教学。

（三）一般二传的教学训练步骤

一般二传的教学训练步骤主要有以下内容。

1. 讲解与示范

顺网二传在比赛中的作用；顺网二传动作方法；传球的方向、弧度、落点。一般二传主要采用侧向示范，使二传动作、球飞行弧度、落点全部在学生视野之内。

2. 练习方法

（1）网前自抛自传二传。

（2）接后排抛球做一般二传。

（3）6号位队员垫或传从本方4号位抛来的球至3号位，3号位队员做一般二传。

（4）6号位队员垫或传对方场地抛来的球至3号位，3号位队员做一般二传。

（5）后排队员垫或传对方发过来的球至3号位，3号位队员做二传。

3. 训练方法

（1）一人肩对网站，连续向网上做一定高度自传。

（2）两人站网前，顺网对传高球。

（3）6号位传给3号位，3号位传向4号位。也可三人传两个球。

（4）向2号位做一般二传。

（5）网前二传队员交叉跑动传球。

（6）后排接球传给前排，二传队员可向3号位或4号位传球。

（7）后排接球传给二传队员，二传队员传给4号位，4号位将球传回给教练员。

（8）结合接发球进行二传练习。

（9）结合防守组织反攻进行二传练习。

（10）在比赛条件下，有目的按轮次组织进攻与反攻练习。

（四）一般二传的教学训练注意事项

一般二传的教学训练注意事项有以下几点。

第一，一般二传是在网前移动中进行，应多练移动传球并结合球网练习，以便收到实效。

第二，除二传与扣球结合是训练的一种基本形式外，还应抓二传的步法、手法、观察判断等基本功训练。特别是初学二传时，移动不到位则对不正来球，也就传不准。要狠抓步法练习。

第三，一般二传训练首先要抓住网前移动、取位、协调用力、传球到位等难点。同时，注意训练要扎实，又要力求多样，提高效率。

第四，加强一般二传的衔接技术训练。如在2号位拦网落地后，转身做二传，二传出手后立即准备接拦回球。要求二传手注意传出球后立即准备做下一个动作。

第五，一般在结合扣球训练时，易产生扣球队员埋怨二传传不到位，使二传队员失去信心，产生不愿做二传的情况，故要加强教育，解除顾虑，增强信心。

第六，二传训练刚开始便要注意战术意识的培养。二传队员要起到场上核心作用，要做到准确、善变、洞察四方，在训练中必须加强对二传队员战术意识的培养，使二传队员做每个动作都有战术意图。

三、传球技术的常犯错误与纠正方法

（一）正面传球的常犯错误与纠正方法

1. 常犯错误一

击球点过高、过低。

纠正方法如下。

（1）做各种步法移动后接传球，保持在脸前接住球，提高判断、选位能力。

（2）传固定球，体会正确的击球点。

（3）自传或对墙传球练习。

2. 常犯错误二

手形不正确，大拇指朝前，手形不是半球状，手指触球部位不准确。

131

纠正方法如下。

（1）进一步示范、讲解。

（2）用传球动作接球，体会手形。

（3）近距离的对墙轻传，体会手指触球。

3. 常犯错误三

手指、手腕弹击力差，有拍打动作。

纠正方法如下。

（1）做手指、手腕的力量练习。

（2）用足球、篮球做传球练习，增加指腕力量。

（3）多做平传球练习、远传练习。

（二）移动传球的常犯错误与纠正方法

常犯错误：取位不及时，对不准来球。

纠正方法如下。

（1）结合移动步法接球。

（2）学会上体移动重心，上体能前后左右倾斜地传球。

（3）多做平传练习，保证正面击球。

（三）背传的常犯错误与纠正方法

1. 常犯错误一

击球点不正确，过前或过后。

纠正方法如下。

（1）强调击球点宁前勿后，保持正面传球的击球点。

（2）做自抛向后传球。

（3）做弧度高低结合的自传球练习。

2. 常犯错误二

用力不协调，不会后仰、展胸、翻腕、大拇指上挑。

纠正方法如下。

（1）移动对准球，保持在头上的击球点。

（2）背传时强调蹬腿、展胸、抬臂、翻腕上挑动作。

(3)在击球点较低的情况下练习背传。

(四)跳传的常犯错误与纠正方法

常犯错误:选择起跳点不准确,人与球关系保持不好。
纠正方法如下。
(1)多做原地起跳和移动起跳练习。
(2)提高判断能力,选择合适的起跳点。
(3)多传不同距离和弧度的来球,保持良好的人与球关系。

四、教学训练中应注意的问题

在传球技术教学训练中,我们需要注意以下几个问题。
(1)传球采用完整教学法,首先建立传球技术动作的完整概念。教学时应先着重于手形、击球点和用力的准确与协调练习,然后逐步过渡到手指、手腕的弹击和控制球的能力练习上。
(2)在教学中尽量采用触球次数多的练习,并在初学阶段就结合近距离移动的传球,以利于形成正确的击球点和手形,为学生进一步学习难度较大的传球打下良好的基础。
(3)教学时要自始至终强调正确手形、正确的击球点和协调用力三个环节。同时要注意指出典型易犯的错误动作,以便学生在学习过程中进行正误的对比。
(4)从心理方面讲,初学者一般怕戳手,怕弧度高、力量大和速度快的来球。因此,要从解决手形入手,从易到难,循序渐进。多传近距离、低弧度和速度慢的球,避免学生手指局部负担过重,减轻其心理压力[1]。

第五节 扣球技术教学训练

一、扣球的教学训练难点

正面扣球是扣球中的一种最基本方法。在正面扣球的几个动作环节中,选择好起跳点及起跳时机,保持好人与球的关系是扣好球的基础,挥臂击球

---

[1]陈诚.现代排球技战术与实战训练研究[M].西安:陕西人民教育出版社,2019.

是完成扣球动作的关键环节。抓好起跳及击球这两个正面扣球的教学难点对学生学习正面扣球至关重要[①]。

二、扣球的教学训练顺序

首先应掌握正面扣球,它是扣球中最主要、最基本的方法。在正面扣球教学训练中,先练4号位扣一般高球,而后练2号位扣一般高球,有一定基础后,可学习3号位扣半快球和掌握实用性较强的调整扣球。

三、正面扣球教学训练步骤

(一)讲解

讲解的内容包括:正面扣球技术在比赛中的作用及动作方法、助跑的节奏、起跳时机、起跳点的选择、空中击球动作、落地。讲解动作要领要突出抓住完成动作的关键环节。

(二)示范

教师先做完整扣球技术示范,要求教师示范动作正确,扣球效果好,使学生通过教师示范了解动作全过程,建立完整、正确的动作形象。也可采用边分解示范边讲解,强调动作要领和关键的方法。示范可以采用徒手和结合球交替进行,关键部分用慢动作示范的方法。教师在示范时,为让学生看清助跑路线和空中击球动作,应选择合适的示范位置。

(三)分解练习

1. 助跑起跳练习

(1)原地起跳:由站立开始,屈膝下蹲同时两臂由前向后摆动,按教师口令迅速蹬地起跳。

(2)一步助跑起跳:方法基本同上,右脚跨出一大步,左脚迅速跟上起跳。

(3)两步助跑起跳:方法基本同上,左脚先出方向步,右脚跨出一大步并制动,左脚再迅速跟上起跳,同时两臂协调配合。助跑速度由慢到快,步

[①]张然. 新编排球训练纵谈[M]. 南京:河海大学出版社,2019.

幅由小到大，两步之间衔接紧密，动作连贯。

（4）网前原地或一步助跑起跳。

（5）从进攻线附近做两步助跑起跳。

（6）一步、两步或多步助跑起跳扣固定球。

2. 挥臂击球手法练习

（1）徒手做扣球挥臂击球动作练习。

（2）对墙掷小皮球。

（3）扣固定球：扣吊球或一人双手持球于头上，另一人扣固定球。

（4）原地对墙自抛自扣或原地起跳自抛自扣。

（5）两人面对面站立相距6～7米，原地自抛自扣。

（6）降低球网或拉一根长绳做原地自抛自扣过网练习。

（四）完整练习

完整练习有以下几个步骤。

（1）助跑起跳扣网前固定吊球。

（2）教师或学生站在网前高台上，手托球（球在网上高度根据学生身高、弹跳高度而定）。学生助跑起跳扣球，在学生击球一刹那教师及时松手。

（3）4号位扣抛二传，抛二传高度为网上1.5～2米。

（4）结合二传扣一般高球。

（5）结合一传、二传进行4号位扣球。先扣斜线，后练习扣直线球。

（五）训练方法

1. 助跑起跳训练方法

（1）助跑最后一步跨跳练习，主要有以下几种。

①向前做最后一步跨跳练习。

②向后做一步跨跳练习。

③向左或向右做最后一步跨跳练习。

（2）连续两步助跑起跳，方法如下：学生成一路纵队慢跑，然后做两步助跑起跳，再慢跑，再起跳，如此连续反复进行。

（3）改变方向的助跑起跳：最后踏跳时脚尖和身体的方向要与原来的方

向不同。

（4）助跑起跳后，迅速退回用手触摸进攻线，再助跑起跳。

（5）连续做4号位、3号位、2号位的助跑起跳。

（6）从3号位做助跑起跳到2号位后，退到2号位进攻线上，再做助跑起跳到3号位，然后跑到排尾。

2. 挥臂击球训练方法

挥臂击球训练方法有以下几种。

（1）快速挥臂打一定高度的树叶。

（2）持1～2千克的哑铃练习挥臂动作。

（3）手握一垒球原地做挥臂甩腕掷球动作或跳起掷球通过。

（4）对墙连续进行扣球练习。

（5）两人原地对扣反弹球。

（6）网前原地起跳扣对方抛过来的"探头球"。

3. 基本的扣球训练方法

基本的扣球训练方法有以下几种。

（1）4号位扣斜线，力量逐渐加大。

（2）4号位（或2号位）扣小斜线或直线。

（3）4号位（或2号位）三人一组连续轮流扣球。

（4）结合一传练习扣球方法，主要包括：

①6号位（或5号位）队员接从对方场地抛或发过来的球垫给网前二传队员做二传，4号位队员助跑起跳扣球。

②两人或三人接从对方场地抛或发过来的球后传调整二传，扣调整球。

③对方发球，六人接发球组织进攻。

（六）扣球的教学训练注意事项

扣球的教学训练注意事项有以下几点。

第一，学生对学习扣球兴趣大、积极性高，但也有个子矮、弹跳力差的学生学习扣球信心不足。因此，在教学中应注意防止蛮干和自卑两种倾向。

第二，扣球技术动作复杂，又是在空中完成，难度较其他基本技术大，故教学训练宜先用分解教学法。可在准备部分先学步法，后学手法；或步法、手法同时进行。待打好基础，再用完整教学法进行教学。

第三，在扣球教学中，重点应先抓好助跑起跳，解决好人与球的关系，同时还要抓击球这一难点。

第四，初学扣球时，最好由教师或技术好的学生担任二传。

第五，3号位扣半快球，开始可先在低网下原地起跳挥臂甩腕扣球，逐步升高球网。而后采用助跑起跳，教师将球抛送到扣球队员的击球点上，再从抛球过渡到传球。

第六，扣调整球的教学与训练，应从手法开始，先原地扣后排抛来的球；助跑起跳扣从进攻线后抛到4号位附近的球；扣从后排传来的调整球。注意强调击球时手要有推压动作，包满球。

四、超手扣球

利用身高和弹跳优势，将球从拦网者手的上空击入对方场区。这种扣球线路较长，落点较远。队员起跳后利用收胸动作带动手臂挥动，以全手掌甩腕击球的后中部或后中下部，手腕有包击动作，球呈前旋飞行。

五、轻扣

佯作大力扣杀，而在击球的瞬间突然降低手臂挥动速度，把球轻轻击入对方空当。助跑起跳、挥臂动作与大力扣杀一样，但击球前瞬间挥臂速度突然降低，手腕保持一定的紧张，以全手掌向前上方做"推搓"动作，使球越过对方拦网后呈弧线落入对方空当。

六、小抡臂扣球

小抡臂扣球是以肘关节围绕肩关节做回旋加速、挥臂击球的一种技术动作，特点是手臂的挥动始终沿着圆弧形运动，整个抡臂动作无停顿，连续进行。动作方法：助跑起跳与正面扣球相同；起跳后，屈肘摆臂至胸腹间不再向上，而以肩关节为轴心，由后下方向前上方做回旋挥臂动作。

小抡臂扣球技术有以下几个优点。

第一，当挥臂击球时，肩胛骨会出现上提的现象，此时手能达到最高击球点。由于小抡臂扣球时，会造成肩胛骨上回旋、后缩，此时肘关节是以肩为轴做由上向下、向后再向上的回旋加速运动，肩胛骨的前回旋决定了挥臂击球的瞬间，肌肉也能在爆发收缩之初长度达到最佳状态。

第二，由于小抡臂扣球是利用上臂带动前臂挥动和甩手腕，这种扣球能扣出多种线路的球，给对方防守制造了极大的困难。它可以有效地利用手腕控制球，在提高挥臂速度的同时，也增加了扣球的力量。

第三，因为小抡臂扣球踏跳时两臂上摆有提肩的动作，在角速度一定的情况下，线速度增加了，从而增加了击球的力量，这样做的好处是在增加击球高度的同时，也增大了手臂的挥转半径。

第四，小抡臂扣球给提高击球速度创造了条件，它是由下向上产生的回旋挥臂，可以加长挥臂的距离。

不过，小抡臂扣球也有它的技术缺陷，这些缺陷主要是对初学者而言的。小抡臂扣球具有一定的技术难度，有时会出现拖肘的错误动作，影响扣球的质量。其中，最难掌握的是放松和加速度挥臂的要领，常常出现击球时推压的错误动作。

七、勾手扣球

勾手扣球是运动员起跳后侧对网，手臂由体侧下方通过转体动作发力，经头前上方做抢摆式挥动击球的动作。动作方法：扣球时两脚应侧对球网，使左肩对网完成起跳动作，或跳起后在空中使左肩转向球网；起跳后上体略后仰或略向右转，右肩下沉，右臂迅速引至体侧，掌心向上，手呈勺形，同时挺胸展腹[1]。

勾手扣球技术的优点：由于勾手扣球力量较大，对多角度的扣球有较大的灵活性。由于勾手扣球是由下向上产生的大回旋挥臂动作，爆发力比较突出，能在比赛中获得得分的可能。

不过，勾手扣球也有它的缺点，这种扣球方法不适合我国快速多变的打法。由于勾手扣球回旋弧度大、半径长、挥臂时间较长，在比赛中容易被对手识破，从而使自己处于劣势地位；再者，由于踏跳后手臂上摆时，两肩没有上提动作，造成了上升力的分解，此时扣球臂摆至肩关节水平线下时就会向下向后，再向上做回旋挥臂，影响了弹跳高度。

---

[1] 高勤. 排球运动的多元化发展与教学创新研究[M]. 长春：吉林大学出版社，2016.

八、屈臂扣球

屈臂扣球的动作结构是，当扣球人助跑起跳时，双臂迅速屈臂由侧下向上摆臂，与此同时，击球臂由胸前上举至肩上，手臂向头后侧上方自然拉开，肘高于肩与耳部位置，前臂屈肘上举并后引拉开胸大肌，挺胸抬头，上体稍后仰，要求整个动作协调、舒展。在20名攻手中，有13名采用抢臂动作，7名采用屈臂动作。

屈臂扣球技术有以下优点。

第一，因击球点高便于转腕、转体打出变向和变线的击球，同时可以充分提高击球点，发挥居高临下的威力。在击球过程中，伸腰、伸肩、伸臂的动作可以自由发挥。

第二，由于这种扣球动作的发力多，使扣出的球威力很大，可以获得较大的速度、力量。同时，这种打法也可以实现轻吊巧打。力量的来源主要是由腰部或胸部发起，加上小臂后振上摆的加速度来实现。

第三，动作结构简单易行，支点固定于肩上便于上伸，实效较好。

第四，前臂失重后倒的技术动作，可增强扣球的力量。

第五，起跳时双臂迅速上摆，保证了身体上升的高度和在空中的稳定性，所发出的力与起跳后身体上升的力是一致的，保持了上升力的一致。当然，屈臂扣球也有它的技术缺陷，那就是初学者容易产生直线或压线、推球等错误动作，因为短距离或原地起跳扣球显得发力来源不足，此时如果击球，就会显得力度不够。

九、快球

快球是扣球队员在二传队员传球前或传球的同时起跳，并迅速把二传队员传来的球击入对方场区的扣球方法。

（一）近体快球扣球

队员在靠近网前，离二传队员约一臂之距处起跳扣的快球，称为近体快球。扣近体快球时，助跑的距离应较短，助跑的角度一般应保持45°左右为宜。扣球队员应随一传球同时助跑到网前，在二传队员传球前或传球同时，在二传队员体前处迅速有力地起跳。当球上升到高出球网上沿一个半球高度时，迅速挥动手臂带动前臂和手腕加速猛甩，以手掌击球的后上部或后中上部。

（二）半快球扣球

1. 半快球扣球的概念

队员在靠近网前和二传队员附近时起跳，扣高出球网上沿两个半球高度的球，称为半快球。

2. 半快球扣球的动作

扣这种球的助跑角度、起跳动作、击球方法均与近体快球相同，只是起跳的时间较晚一些，一般在二传队员传球出手后，迅速有力地起跳扣球。

（三）平拉开扣球

1. 平拉开扣球的概念

扣球队员在4号位标志杆附近，扣二传传来长距离的平快球。

2. 平拉开扣球的动作

这种扣球，二传球弧线低而平，飞行速度快，因而进攻的突然性大，进攻区域宽，容易摆脱对方的集体拦网。平拉开扣球的助跑路线应采用外绕助跑，在二传球出手后，在标志杆附近起跳，在空中截击球。击球动作与短平快扣球基本相同。根据击球部位的不同，可扣出小斜线球或直线球。

（四）短平快球扣球

1. 短平快球扣球的概念

扣球队员在二传队员体前2米左右处，扣其顺网快速传过来的低平弧线球，称为短平快球。

2. 短平快球扣球的动作

这种扣球的特点是速度快、进攻点灵活，使对方难以拦网和防守，因而突然性大，攻击性强。

（五）调整快球

在一传不到位、离网较远时，二传把球调整到网前进行快球进攻，叫调整快球。调整快球要根据二传的位置和传球的方向、出手的时间，选择好助跑的角度、路线和起跳时间。

1. 调整扣球

由后场调整到网前的球叫调整扣球。调整扣球的动作与正面扣球动作相同，只是要求扣球队员应根据来球的方向、角度、弧线和落点，调整好人、球、网的关系。助跑时，应边助跑边看球，力争在与来球飞行路线形成交叉点处起跳扣球。

2. 转腕扣球

在扣球时利用转腕动作，改变原来的手臂挥动方向，使球突然改变路线，这种扣球叫"转腕扣球"。向右转腕扣球，击球时右肩向上提并稍向右转，上体和头部向左偏斜，前臂向外转，肘关节伸直，手腕向右甩动，以全手掌击球的左上方。击球时，前臂向内转，手腕向左甩动，以全手掌击球的右上方。

3. 转体扣球

在击球前，突然改变上体原来的方向和扣球路线，这种扣球叫转体扣球。一般在3号位运用得较多。转体扣球的动作与正面扣球动作基本相同，只是起跳时将球保持在左侧前上方。

4. 打手出界

扣球队员有意识地使球触及拦网队员的手后飞向场外的一种扣球方法。一般在二传球离网较近或球的落点在标志杆的附近时，运用打手出界较多。扣球队员进攻位置不同，采用的击球方法也不同。

5. 设施吊球

吊球是扣球的一种变化，竞赛中与大力扣球结合使用，可收到较好的效果。动作方法是起跳后，假做扣球，然后突然改变挥臂扣球动作，用单手将球从对方拦网队员手的上面或侧面吊入对方场区。

十、单脚起跳扣球

单脚起跳扣球是指助跑后第二只脚不再踏地面直接向上摆动帮助起跳的一种扣球起跳方法。由于单脚起跳下蹲较浅，又无明显的制动过程，所以比双脚起跳速度更快，而且还能在空中移动，网上控制面积更大，具有很大的突然性，有时在来不及用双脚起跳扣球时也采用单脚起跳的方法。一般多用于扣快攻球[1]。

具体动作方法是：采用与球网成小夹角的一步、两步或多步的助跑。助跑后，左脚跨出一大步，上体后倾，在右腿向上方摆动的同时，左腿迅速蹬地起跳，两臂配合摆动，帮助起跳，起跳后扣球动作与正面扣球动作相同。

单脚起跳扣球在比赛中已显示出了强大的威力，它的技术特点及攻击效果是双脚起跳扣球所无法代替的；单脚起跳扣球的助跑过程减少了踏跳并步这一环节，有利于发挥助跑速度。

十一、自我掩护扣球

用扣各种快球的假动作，掩护自己实扣的半高球进攻，都叫作自我掩护扣球。自我掩护扣球可分为时间差扣球、位置差扣球、空间差扣球。

（一）时间差扣球

时间差扣球是指扣球队员做扣快球或短平快球的助跑和摆臂起跳动作，但实际并不跳起，以欺骗对方拦网队员起跳，在拦网队员下落时，再迅速原地起跳扣半高球或弧线低的球，造成自己扣球与对方拦网时间上的明显差异。

时间差扣球运用的关键在于假动作要逼真，为了骗取对方拦网队员起跳，有时可把摆臂起跳动作做得夸大逼真一些。

（二）位置差扣球

扣球队员在助跑后假做起跳，但并不跳起，待对方拦网队员起跳时，扣

---

[1] 王健.高校排球教学理论与方法研究[M].北京：团结出版社，2018.

球队员突然向体侧跨出一步，用双脚或单脚起跳扣球，造成自己扣球与对方拦网位置上的明显错位，这种扣球称为位置差扣球，也称错位扣球。

位置差扣球的变化很多，常用的有：短平快球向3号位错位扣、近体快球向2号位或3号位错位扣、背快球向2号位错位扣等。

1. 短平快球向3号位错位扣

扣球队员假做扣短平快球助跑，但助跑后不起跳，等对方队员起跳拦网时，扣球队员突然向右侧跨步起跳扣近体半快球。若采用单脚错位起跳时，在假跳动作后，左脚向右跨出一大步起跳，右腿积极向上摆动配合起跳，并向左转体挥动手臂击球。

2. 近体快球向2号位错位扣

扣球队员假做扣近体快球助跑，助跑后不起跳，等对方队员起跳拦网时，扣球队员突然向右跨步到二传手身后起跳扣背传半高球。若采用单脚错位起跳时，在假跳动作后，右脚先向二传手侧面跨出一大步，左脚再向二传身后跨步起跳，右腿积极向上摆动配合起跳，同时向左转体挥动手臂击球。

3. 近体快球向3号位错位扣

扣球队员假做扣近体快球助跑，助跑后不起跳，等对方队员起跳拦网时，扣球队员突然向左侧跨出一步起跳，扣弧线稍高、速度稍慢的短平快球。

4. 背快球向2号位错位扣

扣球队员假做扣背快球助跑，助跑后不起跳，等对方队员起跳拦网时，扣球队员突然向右侧跨步起跳，扣背传低平球。若采用单脚错位起跳，在假跳动作后，左脚向右跨出一步起跳，右腿积极向上摆动配合起跳，并向左转体手臂击球。

（三）空间差扣球

扣球队员利用助跑的向前冲跳技术，使身体在滞空中有一个位移过程，将起跳点和击球点错开的扣球，称为空间差扣球，也称空中移位扣球或冲飞扣球。它是中国运动员创新的一种技术。这种扣球不仅速度快，而且有较强的掩护作用。常用的空间差扣球有前飞、背飞、拉三、拉四等。

1. 前飞

队员假打短平快球，突然利用向前冲跳，"飞"到二传手前扣半高球，这种扣球叫前飞。

助跑右脚起跳的前飞扣球，助跑路线与球网的夹角很小，接近顺网助跑，右脚最后一步前脚掌着地，身体重心仍继续前移，左脚跟落在右脚之前60~80厘米处，有明显的制动动作。踏跳同时，两臂由后经体侧用力向前上方摆动，随之右脚先蹬离地面，左脚再蹬离地面，由于起跳动作的向前冲力，使身体腾空后有明显的位移，当身体接近球时，已摆脱了对方的拦网。

击球时，利用向左转体和收胸动作带动手臂挥动击球。助跑单脚起跳的前飞扣球，可以充分利用助跑速度，加速助跑的最后一步跨出左脚蹬地，同时右腿和两臂配合向前上方摆动，使身体向前上方冲跳。击球时，利用向左转体动作带动手臂挥动击球。击球后，双脚同时落地，以缓冲身体下落的力量。

2. 背飞

扣球队员假打近体快球，突然冲跳"飞"到二传手背后标志杆的附近和背传平快扣，这种扣球叫背飞。背飞扣球的动作与前飞相同，只是步点在二传手的体侧。击球时，在空中有随球飞行的感觉，击球区域较宽，可选择有利的突破口。

3. 拉三

队员按扣近体快球助跑，而二传手将球向3号位传得稍拉开一些，扣球队员侧身向左起跳追球，在左前方扣快球，这种扣球叫拉三扣球。拉三扣球的助跑起跳，右脚要有意识踏在靠右侧一点，身体重心随之向左倾斜，两脚用力向右下方蹬地，使身体向左上方腾起，利用向左转体、转腕动作，将球从对方拦网队员右侧击过网。

4. 拉四

队员在扣短平快球的位置上起跳，而二传手将球向4号位传得拉开一点，扣球队员侧身向左起跳追球，在左侧前方扣短平快球。起跳方法和扣球动作与拉三相同。

十二、后排扣球

后排扣球是从进攻3米线后起跳，冲至进攻线前上空扣球的技术。后排扣球动作方法：后排扣球技术动作结构与正面扣球动作相同。但因必须在进攻线后起跳，需利用向前冲跳缩短与网的距离，还要提高球的过网高度，所以后排扣球的助跑步幅大、距离大、速度快。

助跑步数一般多为两步或三步。起跳时，两臂绕体侧后，随之向前摆动，过腰后以较大的肘关节角度向上方摆动。起跳后抬头、挺胸、展腹，身体呈反弓形。击球时，要有较大的收腹动作带动手臂向前上方挥动，在右肩前上方手臂伸直最高点用全掌击球的后中部，同时用手腕推压动作使球加速上旋飞行。

后排扣球弧度较大，扣球队员在"进攻线"后起跳，充分伸展身体，利用起跳的冲力，加大扣球速度和力量。这种扣球具有攻击面广、力量大等特点，要求运动员有较强的腰腹力量和较高的弹跳力，灵活掌握一步或多步前冲式助跑起跳和原地起跳技术，同时加强手腕对球的控制能力。因其技术难度大，对身体素质要求较高，后排扣球多为男运动员运用。

十三、教学训练中应注意的问题

在扣球技术教学训练中，我们需要注意以下几个问题。

第一，扣球技术是学生最感兴趣的技术，学生的积极性都比较高，但学生的注意力往往会集中在扣球效果上，而忽视对正确扣球技术动作的掌握，在教学中应注意引导学生掌握正确的扣球技术动作，为其他扣球技术的学习打好基础。

第二，在扣球教学中，应重点抓好助跑起跳和正确的击球手法练习，解决好人与球的位置关系。初学者应加强分解动作练习，并适时地与完整动作练习相结合。对于扣球技术的重要环节，必须进行反复、系统地强化练习。

第三，在教学课中，扣球教材的安排，尤其是上网扣球，最好安排在传、垫球技术练习后。因为在扣球练习时学生的积极性较高，如安排在课的前段对其他技术的学习可能会有一定影响。

第四，初学者上网扣球时，应由教师或技术水平较好的学生担任二传，以便使初学者掌握好助跑起跳的时间和起跳点，尽快正确掌握扣球技术。

第五，为了教学方便，对扣球教学练习的总体要求要先徒手扣，后用球扣；先抛扣，后传扣；先轻扣，后重扣；先中远网，后近网；先扣高球，后扣快球。

第六节 拦网技术教学训练

一、拦网的教学训练难点

拦网技术动作由准备姿势、移动、起跳、空中击球和落地五个部分组成。要拦住不同的扣球，在拦网移动之前必须准确判断对方的扣球位置。要根据二传手传球的一些特点及扣球手的起跳点来选择拦网起跳点，要根据对方扣球人的击球动作来判断拦网的起跳时间及伸臂时间。整个拦网技术动作全过程，自始至终都贯穿着判断[1]。

起跳时间是否适时是能否及时起跳拦住对方扣球的关键。选择合适的起跳时间，不仅要根据自己的弹跳高度，还要对二传高度、距离、弧度、速度及扣球动作幅度大小、挥臂快慢做出判断。因此，正确确定起跳时间和起跳点是拦网教学训练的难点。

二、拦网的教学训练顺序

拦网教学宜在学习扣球之后进行。先学习单人拦网，后学习双人拦网。先原地，后移动拦网。

三、拦网的教学训练步骤

（一）示范

采用完整动作示范拦网起跳、空中击球手法和落地动作。示范可采用面对教师站立的示范位置，让学生看清拦网手型和拦击动作；或学生侧面站，可看到身体动作、手臂与网的距离。

---

[1]陈诚. 现代排球技战术与实战训练研究[M]. 西安：陕西人民教育出版社，2019.

（二）讲解

讲解的主要内容包括：拦网在比赛中的作用；拦网的动作方法。在讲解动作方法要领的时候，要重点突出判断与起跳时机。

（三）练习方法

练习方法有以下几个。

（1）原地做拦网的徒手动作。

（2）教师站在高台上双手持球，学生轮流起跳拦网。

（3）两人隔网相对站立，做向左（或右）移动两步起跳拦网。

（4）方法同上，向左（或右）移动两步起跳拦网。

（5）低网扣拦练习：扣球人对准拦网人自抛自扣，当扣球人击球时，拦网人伸手拦网但不起跳。

（6）双人拦网移动起跳配合：2号位、4号位网前各站一人，3号位网前站两人。听教师口令，两名3号位学生分别向左、右移动，与2号位、4号位学生配合拦网。

（四）训练方法

1. 移动和起跳训练方法

（1）顺网由4号位向3号位、2号位做并步、交叉步或跑步移动起跳拦网。也可从2号位向4号位方向移动。

（2）拦网、后撤到进攻线，再上步拦网连续做。

（3）两人隔网相对，对称移动起跳拦网，空中两人双手相互击掌。

（4）两人在中间3号位拦网后，向两边移动与2号位、4号位配合双人拦网，而后站在2号位、4号位，原2号位、4号位学生跑到队尾。

（5）两人在3号位隔网相对站立，听口令后原地起跳在网上双手击掌，落地后根据口令向左或向右移动，与站在网边的2号位、4号位学生一同起跳拦网，落地后跑到本方队尾。

2. 空中击球训练方法

（1）一扣（自抛自扣）一拦。可用低网不起跳做扣拦，也可跳起扣拦。

（2）教师在高台上扣球，学生轮流练习（先原地、后移动）。

（3）三人一组，一抛、一扣、一拦，轮流做，定数交换。

（4）教师抛球，前排三个位置轮流扣球，另一方三人固定位置拦网，定数轮换位置。

（5）二对一扣拦对抗。一方2号位、4号位轮流扣抛球，另一方一人两边跑动拦网，定数交换。

3. 结合扣球的拦网训练方法

（1）对方4号位扣固定方向的球，本方2号位拦网，定数交换。

（2）对方2号位固定方向扣球，本方4号位拦网，定数交换。

（3）对方2号位、4号位扣不定方向、不同高度、弧度的球，本方进行单人拦网。

（4）对方组织"中一二"或"边一二"进攻战术，本方组织单人拦网。

（5）在教学比赛和各种比赛中加强拦网的实战训练。

四、拦网技术常犯错误与纠正方法

（一）单人拦网

1. 常犯错误一

起跳过早或过晚。

纠正方法如下。

（1）教师给予起跳信号，反复练习起跳时机。

（2）深蹲慢跳或浅蹲快跳。

2. 常犯错误二

拦网时两臂有向前扑打的动作。

纠正方法如下。

（1）正误动作对比示范。

（2）在网边反复做原地提肩压腕动作。

（3）低网一扣一拦练习，强调收腹动作。

3. 常犯错误三

闭眼拦网或两手臂之间距离过大造成漏球。

纠正方法如下。

（1）拦网时眼盯球，养成观察球的良好习惯。

（2）示范两臂夹紧头部的动作或多做拦固定球的练习。

（3）网前徒手移动起跳伸臂后不急于收臂，等落地时检查。

（二）双人拦网

常犯错误：互相踩脚或两人在空中相互碰撞。

纠正方法如下。

（1）多练最后一步的制动动作。

（2）多练两人移动后并拦的起跳配合。

五、教学训练中应注意的问题

在拦网技术教学训练中，我们需要注意以下几个问题。

第一，在拦网的教学中，应以学习单人拦网技术为主，双人与集体的拦网为辅。当学生初步掌握了拦网技术后，应该增多结合扣球和防守反击的练习，使拦网、保护、防守及反攻扣球等技术互相串联和衔接。

第二，在教学中，必须抓好拦网的移动、起跳、伸臂、手形、拦击动作等环节教学。在改进和提高阶段则应重视判断能力，突然起跳的能力，空中身体、倾斜的控制能力，拦网手法等基本功的练习。这样才能提高拦网的实战效果。

第三，拦网教学不能安排过早或过于集中。过早安排拦网学习，不符合排球教学的规律；过于集中学习拦网，不利于提高拦网的能力，甚至会影响学习的积极性。所以拦网教学应安排在正面扣球和垫球防守以及简单的进攻后进行，每节课单一地练习拦网的时间也不宜过长。

第四，在拦网教学中，要逐渐提高难度，一般首先学单人拦网，后学双人拦网，其次学拦固定路线的扣球，再学拦变化路线的扣球；先学拦近网扣球再学拦远网扣球和各种快攻扣球，同时要强调拦网后的落地动作，以避免损伤。

第六章　排球战术教学训练方法

排球战术教学训练是一个旨在提升队伍整体作战能力的过程，它涉及对比赛策略的理解、运用及创新。通过系统的战术教学与训练方法，排球队伍可以在理解战术意图的基础上，提高战术执行的准确性和效率，为比赛胜利打下坚实的基础。本章主要对排球战术教学训练方法进行深入地阐述和研究。

第一节　排球战术基本理论

一、排球运动战术的概念

排球运动战术是指运动员在比赛中，根据排球竞赛规则和排球运动的规律、比赛双方的具体情况和临场竞赛的变化，合理运用个人技术及集体配合所采取的有意识、有预见、有组织的行动方法的总称[1]。

一名队员根据临场情况有目的地运用技术的过程，就是个人战术。如扣球时利用转体、转腕动作扣出球的变线、轻扣、吊球、打手出界等。两名或两名以上队员之间有组织、有目的的集体协同配合，为集体战术。两者相辅相成，相互促进，相互补充。

一个队在选择战术时，首先应该从本队的实际情况出发，根据队员的技术水平、技术特点、身体条件和体能等，选择与之相适应的战术。在运用战术时，还要根据对方的技战术特点以及临场变化情况，采取灵活的行动，打乱对方的战术意图，以掌握比赛的主动权。

二、排球运动战术的类型

（一）按战术的人数分类

排球运动战术分类，就是按排球运动的特点，把排球战术的主要内容分

---

[1] 宋元平，马建桥. 排球运动技能学习分析[M]. 北京：北京体育大学出版社，2011.

为若干类和若干层次，又将许多类综合构成几个攻防系统，并表明它们之间的关系，以便对排球战术有一个全面的了解。排球战术有多种分类方法，无论进攻和防守，都包含着个人战术和集体战术两大部分这一客观现实。按照参与战术的人数，将战术划分为个人战术和集体战术两大类，如图6-1所示。

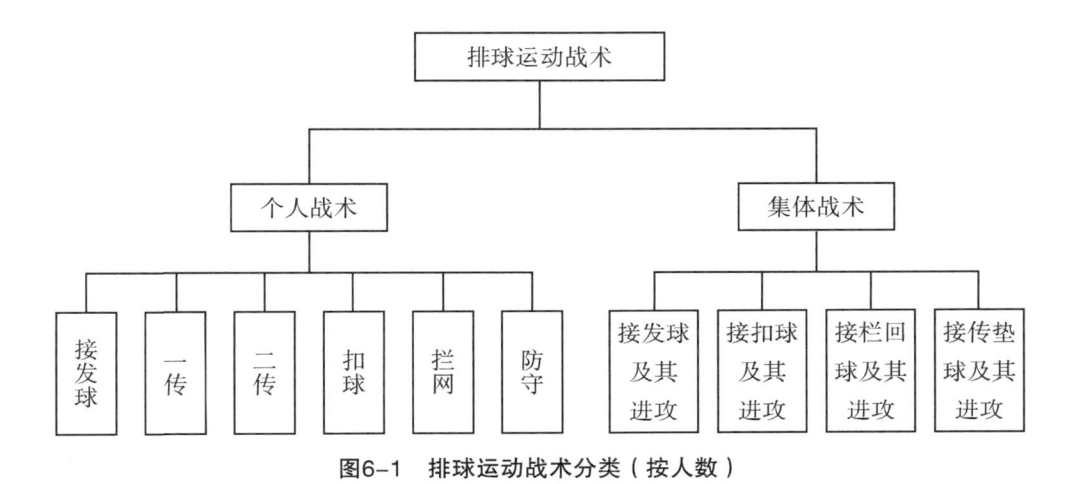

图6-1 排球运动战术分类（按人数）

（二）按战术的组织形式分类

按照战术的组织形式，可以将排球运动战术分为进攻战术和防守战术两大类，如图6-2所示。

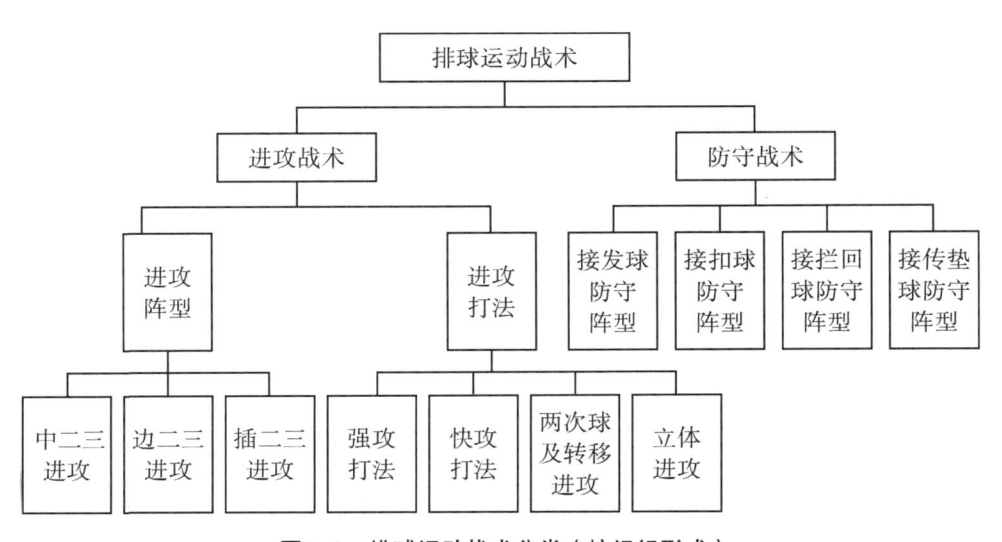

图6-2 排球运动战术分类（按组织形式）

（三）按战术运用分类

按照战术运用分类，可以将排球运动战术分为接发球及其进攻（一攻）、接扣球及其进攻（防反），拦回球及其进攻（保攻）和接传、垫球及其进攻（推攻），如图6-3所示。

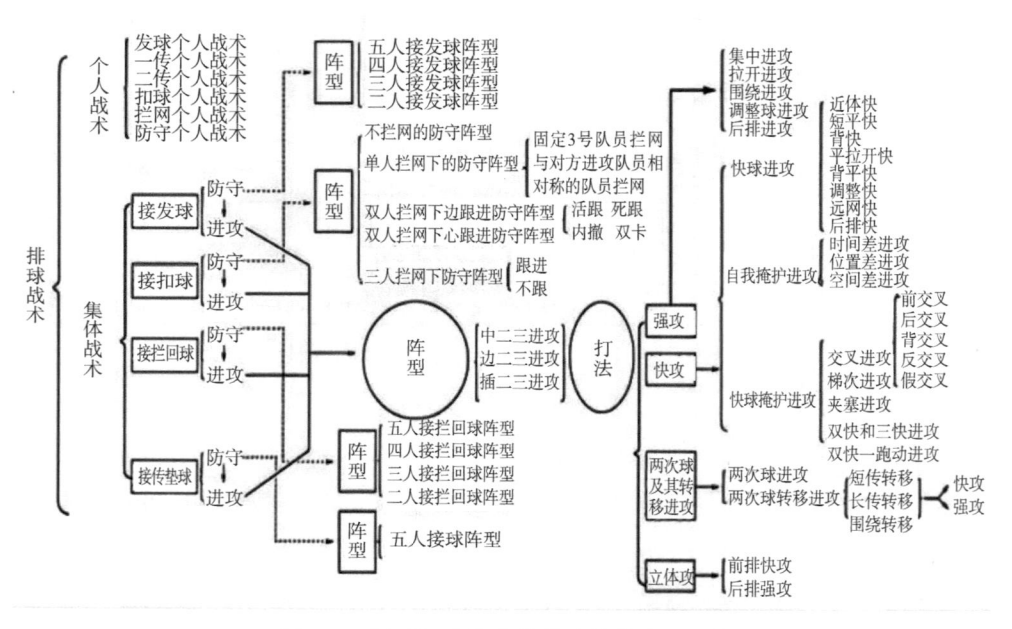

图6-3 排球运动战术分类（按战术运用）

三、排球运动战术的发展与创新

（一）排球运动战术的发展

世界排球运动经过一百多年的发展与改革，在内容、形式、规则等方面日益革新，并随着社会的进步和传播手段的现代化而广泛普及和大众化。排球比赛的战术形式和战术内容也随着人们的运动实践和体育科学研究的深入而产生了根本性的变化。排球战术的不断发展是使排球运动充满活力、展示高水平的重要动力。根据当今排球运动的发展现状，排球战术的发展呈现如下趋势。

1. "全面型"和"立体化"成为进攻战术的主体

排球战术经历了"高→快→高"和"点→线→面→立体"的演变过程。目前，世界排球界均注重"全面型"战术系统的构建和发展，在"全面型"的基础上，突出了"立体化"进攻战术的运用。"立体化"进攻，是指进攻战术既有前排各进攻点的多层次配合，又有后排进攻面的多方位变化，还有发球及调整球线路的全场区域延伸和扩展。这是一种占据全方位空间的进攻战术形式，它使"面向纵深、方向扩大、前后一体"的立体化排球战术系统日益充实和完善。可以这样认为，在未来的排球比赛中，谁占有的空间越多，谁就能更好地发挥自己队伍的特长。因此，"立体化"进攻战术将在很长的时间内成为进攻战术的主体[①]。

2. 提倡"前高位"和"后低位"相结合的整体化防守战术

规则的不断变化，使排球比赛攻防力量趋于平衡。防守已成为掌握场上主动或得分的重要方面，防守战术被各队加以充分的重视。目前，"前高位"防守成为防守战术发展的新趋向。

"前高位"防守战术是指防守中加强网上、网前的高防，在前排网上争防第一点，并和后排防守一起，加快拦防反击的速度。"后低位"是指在后排防守和前排保护时，身体重心主动降低，以赢得防守时间。同时"自由防守队员"防守形式的出现，给防守战术提供了更为灵活的运用条件，使前排、后排共同形成有效的防守网络，获得积极的防守效果。

3. "快"是排球战术的核心

只有快速的进攻，快速的调整，快速的配合，快速的防守，才能掌握比赛场上的主动权，占尽进攻与防守的先机。"快速化"已日益成为世界各支队伍的主导思想。在排球比赛中，"快速化"战术的决定因素有以下几个方面：个体的反应、队员间配合的默契性和熟练性、身体力量等。在"快速化"的排球战术思想中，所强调的应是建立在整体配合基础上的快，具有强大力量的快，队员行动随场上情况的变化而变化的快。

[①] 刘文学，李凤丽. 排球运动训练与指导[M]. 长春：吉林摄影出版社，2017.

4. 采用"多变型"的战术行动

在全面、快速的基础上，多变的战术行动是排球比赛中最具有活力的表现形式。两种战术组合的比赛特色，早已不适应现代排球运动的发展要求，而多种战术方式的有效组合、创新及临场发挥，使排球运动充满了无限生机和无穷魅力。其具体表现为：发球战术的多变，有力量大的跳发球，也有吊网前的轻飘球；进攻战术的多变，有点高力大的强攻突破，也有快速变化的跑动进攻；防守战术的多变，有高大的移动拦网，也有稳健的后排防守。多变的战术行动要求队员有良好的排球战术意识和整体的协调配合，能够根据比赛的进展情况，做出正确的判断和快速的反应，既能完成预定的战术构想，又能随机应变，巧妙地运用各种战术手段。

5. 战术运用趋向合理、简练和实效

排球战术组合和运用的最终目的是获取胜利。在排球运动新规则的导向下，排球比赛的竞争性日趋激烈，各种战术组合和运用都在寻求着更为合理的途径，在全面型、立体化、快节奏、多变化的整体战术体系中，简练、实效的战术运用成为制胜的重要手段。简练是战术配合的节省化和快捷化；实效是临场比赛战术运用的强烈制胜目的性的实现。简练、实效的战术运用是现代排球战术发展的趋势之一。

（二）排球运动战术的创新

1. 创新的原则

根据学者陈小蓉提出的观点，排球战术创新应遵循以下三个原则。

（1）超前性原则。超前性体现在超前思维、超前设计、超前试验以及超前运用几个方面，以实现先发制人的应用目的。排球战术创新在构思、设计、试验、运用等各个环节上，必须做到先人一步，只有这样才能达到战术创新的预期效果。

（2）针对性原则。针对性表现在三个方面：一是针对某一确定的比赛对手而设计；二是针对本队某一队员的特点而设计；三是针对某一实际问题而设计。在进行排球战术创新时应主要针对运动员的身体素质、形态、技术特

长、战术意识、智力水平等特点；针对本队总体风格打法；针对不同对手在风格打法、关键队员以及发展方向上的特点；针对排球技战术发展趋势、规则修改动向等方面进行创新，只有这样排球战术的创新才更有实效。

（3）可行性原则。可行性是指排球战术创新设计必须符合科学原理、队员条件和比赛实践的要求。由于竞技体育的特性所决定，任何一项技战术的创新都必须符合运动员的生理解剖特点，适应实践的需要，适合集体配合，并能够为运动员所掌握，这样才能实现其创新价值。

2. 创新的方法

学者陈小蓉在调查研究了大量排球战术创新案例后，提出排球战术创新的方法包括递进法、组合法、列举法、移植法、非常规动作利用法、联想法、逆向法。

（1）递进创新法，是指在不改变原技战术性质原理的基础上，对其内容与形式进行改进，并导出新技战术的方法。

（2）组合创新法，是指为实现一定的目的，将若干独立的事物或其结构部分进行符合体育运动原理及特点的结合或重组，从而获得具有整体功能的新事物的创新技法总称。

（3）列举创新法，是通过对现有事物的原理、结构、功能、优缺点等属性因素的逐一列举展开，从而形成多种构思方案的创新方法。

（4）移植创新法，是指将某一领域的事物或其原理、方法、结构部分或全部地引入另一领域中，并通过一定的改造、进行新目的下的再创造的一种方法。

（5）非常规动作利用创新法，是指对体育运动技战术实践中偶然暴露出的不符合现在技战术动作规范要求，但客观上又存在一定的创新效应的缺陷动作和应急动作进行利用，从而导出新的技战术的方法。

（6）联想创新法，是指根据一定的创新意向，通过由此及彼的思维方式对不同的对象之间进行联系与想象，从而达到开拓思路并实现创新的方法。

（7）逆向创新法，是指从现有事物的组成原理、功能特性、结构形态等方面的相反方向引出问题，展开思考的创新方法。

第二节 阵容配备与位置交换训练

一、阵容配备的基本理论

（一）阵容配备的概念

阵容配备是参赛队伍根据比赛的任务、本队战术组织的特点及队员的身体情况，有针对性地、合理地安排出场队员及位置分工，充分地调配力量，科学地组合队员的筹划过程。

（二）阵容配备的目的

阵容配备的目的在于把全队的力量有效地组织起来，扬长避短，最大限度地发挥每一名队员的作用和特长。

（三）阵容配备的原则

1. 择优原则

选择思想作风顽强，心理品质过硬，身体素质好，技术全面和临场经验丰富的队员组成主力阵容，同时考虑到每个位置上对替补队员的安排。

2. 攻守均衡原则

每个轮次，力争做到攻守力量相对均衡，尽量避免弱轮次的出现。

3. 相邻默契原则

要注意把平时合作默契的传、扣队员安排在相邻的位置上，使之能运用娴熟的配合，产生一定的战术效应。

4. 轮次针对原则

根据对方队员的位置，轮次安排要有针对性。如拦网能力强的队员对准对方攻击力强的队员，以遏制对方的进攻；遇对方进攻强的轮次时，可安排发球攻击性强的队员发球，以破坏对方的一传，阻止对方进攻战术的组成，取得先发制人的效果。

5. 优势领先原则

轮次的安排要注意发挥本队的优势。如把攻击力量强的队员安排在最得力的位置上；把发球攻击性最强的队员安排在最先发球的位置上，争取开局取胜，以鼓舞本队士气等。

(四) 阵容配备的组织形式

从目前排球运动发展的情况看，现在标准的阵容配备有以下两种基本组织形式。

1. "四二"阵容配备

由四名进攻队员（两名主攻队员与两名副攻队员）和两名二传队员组成的阵容，他们分别站在对角的位置上。这种阵型配备使每个轮次前后排都能保持有一名二传队员，两名进攻队员，便于组织和发挥本队的攻击力量。目前在水平一般的球队中，采用这种配备形式的较多，如图6-4所示。

二传		
主攻	二传	副攻
副攻		主攻

图6-4 "四二"阵容配备

"四二"配备的优点是前排每一个轮次都有一名二传队员和两名进攻队员，便于组织"中二三""边二三"进攻，战术配合有一定的稳定性。缺点是前排进攻点相对较少，隐蔽性差，不能适应高水平球队的要求。

但是，"四二"配备中如果二传队员具有较强的进攻实力，则可以在每一轮次都安排后排的一名二传队员插上组织前排的三点进攻，使前排的进攻实力得到加强，其缺点是后排防守压力增大，而且进攻队员要适合两名二传手的传球特点。对二传要求比较高，既要能传，又要能攻，难度较大。现今世界排坛诸强中只有古巴女排采用"四二"配备，这是由于她们出色的身体素质和惊人的爆发力决定的，二传也能参与进攻，使每个轮次都能保证前排的三点攻，具有很强的攻击性[①]。

2."五一"阵容配备

由五名进攻队员和一名二传队员组成的阵容。队员的站位与"四二"配备基本相同。只是由一名二传队员作为接应二传主要承担进攻任务，以加强拦网和进攻力量。接应二传也可弥补主要二传队员有时来不及传球所出现的被动局面，但主要还是承担进攻任务。目前水平较高的球队普遍采用这种配备形式。当二传轮转到后排时，可采用插上进攻形式，组织前排进行三点进攻，如图6-5所示。

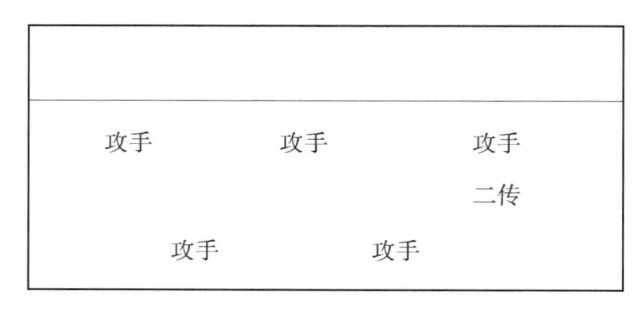

攻手	攻手	攻手
		二传
攻手		攻手

图6-5 "五一"阵容配备

"五一"配备的优点是加强了拦网和前排的进攻力量，使全队的进攻队员只需要适应一名二传队员的技术特点，有利于统一指挥、相互配合，能够更好地控制比赛的进行，使进攻战术富于变化。缺点是当二传队员轮转到前排时，有三轮次前排只有两名进攻队员，进攻点过于暴露，影响了前排整体进攻的威力。

二、位置交换的基本理论

（一）位置交换的概念

为了最大限度地发挥每名队员的特长，调动一切积极因素，加强攻防力量，弥补阵容配备上的某些缺陷，在规则允许的条件下，场上队员进行位置交换用以组织战术的方法即是位置交换。当发球队员发完球后，双方可以在

---

①张然. 新编排球训练纵谈[M]. 南京：河海大学出版社，2019.

本场区任意交换位置。

（二）位置交换的目的

位置交换主要有以下几个目的。

第一，充分发挥每名队员的特长，以达到扬长避短的效果。

第二，便于进攻和防守战术的组织，发挥攻、防战术的优势。

第三，采用专位分工的进攻和防守，以提高攻防战术的质量。

（三）位置交换的方法

1. 前排队员之间的换位

（1）为了便于组织进攻战术，把二传队员换到2号位或3号位。

（2）为了加强进攻力量，把进攻力量强的队员换到便于扣球的位置上，如右手扣球队员换到4号位，扣快球的队员换到3号位，左手扣球队员换到2号位等。

（3）为了加强拦网，抑制对方的重点进攻，把身材高大或弹跳力好及拦网能力强的队员换到3号位，或与对方主攻队员相对应的位置上。

2. 后排队员之间的换位

（1）为了发挥个人特长，后排队员各自换到自己熟悉的防守区进行专位防守。

（2）为了在比赛中便于运用行进间"插上"战术，把二传队员换到1号位或6号位，以缩短插上时的距离。

（3）根据临场情况，把防守能力强的队员换到防守任务较重的区域，把防守能力弱的队员换到防守任务较轻的区域。

3. 前后排队员之间的换位

后排的二传队员插上时，可1号位、6号位、5号位插到2号位、3号位之间的位置，准备做二传，前排的2号位、3号位、4号位队员则后退，准备接球或进攻。

（四）位置交换时应注意的事项

位置交换时，我们需要注意以下事项。

第一，换位前的站位，既要防止"位置错误"犯规，又要考虑缩短换位距离。

第二，当发球队员击球后即开始换位，应力求迅速地换到预定位置，立即准备做下一个动作。

第三，在对方发球时，应首先准备接对方的来球，然后再换位，避免造成接发球混乱。

第四，换位时，队员之间要注意配合行动，防止互相干扰，做到互相弥补。

第五，换位后，当该球成死球时，应立即返回原位，各自做好下次接球或进攻的准备。

第三节　信号联系与"自由人"训练

一、信号联系的基本理论

排球运动是一个集体项目，在实现快速多变的进攻战术时，必须通过信号联系才能统一行动。技术的合理运用和战术的默契配合，必须具有完善的信号联系，没有完善的信号联系系统来统一每名队员的行动，就不可能实现预定的战术意图，获得理想的进攻效果，就有可能发生配合上的失误。队员之间选择何种信号联系要根据本队的战术要求、队员的习惯，经全队统一，可在长期的训练中形成。因而，各队都有自己独特的联系方式和信号。联系信号应简单、精炼、清晰，使本队队员熟悉、明了[1]。

（一）信号联系的概念

信号联系就是为了统一行动目标，完成集体战术配合，根据本队情况，由教练员和运动员共同制定的一种行动信号。

（二）信号联系的目的

信号联系的目的在于统一行动，便于场上队员了解战术行动意图，从而达到协调一致，取得比赛胜利。

---

[1]陈诚.现代排球技战术与实战训练研究[M].西安：陕西人民教育出版社，2019.

（三）信号联系的方法

1. 语言信号联系

语言信号联系是指队员用简明、扼要、准确、自信、肯定的语言及时提醒队员和明确战术意图的联系方式。使用时语言要精炼、清晰，一般只用几个字，如"快""高""背""交叉"等；也可将战术编成号数，如"1""2""3"等，使用时以代号进行联系。在比赛中，队员们不说话，打"闷球"肯定打不出应有的水平。这说明了队员之间不能"封闭"，应互通信息才能打好球。其缺点是容易暴露本队的战术意图。因此，运用时应注意语言的隐蔽性，做到真真假假，虚实结合，让对方难以捉摸。

2. 手势信号联系

通过事先确定的各种手势暗号，表明各种进攻战术变化的配合。手势信号一般在接发球进攻时采用，如二传队员在前排或后排插上时，用手势提示其他队员，其优点是较为隐蔽。对手势信号联络的要求是动作简单明了，迅速准确，时机恰当，不出现错误手势，尽量避免被对方窥视和识破。

3. 落点信号联系

根据来球和起球不同落点来决定战术配合的联系方式。它要求全队有默契的配合，良好的战术意识和随机应变的能力。其优点是可根据具体情况确定何种位置最有利于组成何种战术，使全队的战术变化处于自然的联系中，有利于战术配合的形成和提高战术效果，应在平时训练中不断强化。例如，起球到什么位置，打什么战术；发球的落点在什么位置，采取什么进攻战术组织形式等，都应预先设定好。

4. 仪态信号联系

通过身体姿态和面部表情所产生的暗示效应。如教练员在临场指挥中可巧妙运用各种身体动作和面部表情来弥补语言信号不够隐蔽的缺点，还可以影响、调节运动员的比赛情绪。

5. 综合信号联系

以手势信号为主，以落点信号及语言信号为辅，在特定的情况下使用，可以使联系信号更加完善。

二、"自由防守队员"的运用

（一）"自由防守队员"的定义

"自由球员"或"自由人"是国际排联于1996年世界女排大奖赛中试行的一项规则，是指不经裁判允许、不受换人次数的限制，可以替换后排任何一名队员完成防守任务，并在规则允许的范围内可以自由进出比赛场地参加比赛的队员。

（二）"自由防守队员"的目的

"自由防守队员"的主要目的是加强后排防守和一传，促进攻守平衡，使排球比赛更具有连续性和更加精彩激烈。

（三）"自由防守队员"的运用

"自由人"作为排球比赛新规则的产物，在比赛中发挥着巨大的作用，"自由人"在接发球和防守中有明显的优势。合理地选拔、培养和运用"自由人"，并设计出行之有效的战术，是提高全队战斗力，发挥其优势的有效途径，也是赢得比赛胜利的保证。"自由防守队员"主要有以下几种情况的运用。

第一，替换场上进攻能力强而防守能力较弱的队员。

第二，替换因进攻、拦网而体力消耗大的主力队员。

第三，替换上场后，适时传达教练员的临场指挥意图。

第四节　进攻与防守战术训练

一、进攻战术训练

（一）中一二进攻

二传在前排的3号位，二传把球传给2号位或4号位，以此展开进攻。当二传在2号位或4号位时，把球传出去后再回到3号位，这样的战术是变一二换中一二，反边一二换中一二。中一二进攻战术使用起来比较简单，很容易就能组织起来。

（二）边一二进攻

二传在前排的2号位，二传把球传给3号位或4号位，以此展开进攻。当二传在3号位或4号位时，把球传出去后再回到2号位。使用该战术时，右手扣球就比较有利，但不利于左手扣球；另外，边一二进攻还有一个劣势，当一传出现偏移到了4号位时，二传就难以进行接应。

（三）强攻

强攻是指不利用快球掩护，二传直接进行集中、拉开、围绕、调整的高球进攻。

（四）快攻

快攻战术是指一种快速进攻的战术，运用各类快速进攻技术，如近体快、远网快、后排快、单脚起跳快、快球掩护组织的二点球进攻等。快攻战术的优点比较明显，如有着比较强的隐蔽性和多变性，这样可以有效地分散对方的防守阵线。使用这种战术必须以全队的协调配合为前提，并且二传队员的技术水平较高[1]。

二、防守战术训练

（一）接发球的阵型

其阵型应该有利于接球和进攻战术的应用，应依照对方的发球特点来布置阵型。最常用的两种阵型是五人接发球和四人接发球。

1. 五人接发球

网前安排一名二传，或是将其安插进后排，剩下的队员都为一传，采用的阵型为一三一或三三。五人担任一传的阵型有利于组织接发球，但当二传在网前时，其进攻方式就缺少变化；当二传在后排时，又距离中线太远，也不利于传球。

---

[1] 王恒. 排球教学与训练[M]. 哈尔滨：哈尔滨工程大学出版社，2016.

2. 四人接发球

网前安排一名二传队员和一名上快队员，两位队员不负责接发球，后排的四名队员按一字形排开站立或者组成圆滑的弧线，负责接发球，虽然该防守战术利于二传传球和进攻跑动，但其劣势也较为明显。队员移动后，很容易使阵型出现漏洞，这就要求队员有较高的接发球判断能力以及敏捷的步法。如果对手的发球技术较低，用这种接发球战术是很适合的。

（二）防守阵型

防守阵型可分为三种，分别是不拦网的、单人拦网的和接拦回球的。

下面将针对这三种防守阵型做简单的介绍。

不拦网的防守阵型常常用在不需要拦网的情况下网前安排二传，这名二传不仅可以接网前球、进攻、组织后撤，还可以为防守反攻做准备。

当对方的进攻能力不强时，可使用单人拦网防守阵型，这种阵型的扣球常以中线为主，吊球的使用率也颇高，以中线为基点进行拦网，不让对方把球吊入中场。除拦网队员外，其他两名前排队员站在防前区。

接拦回球的阵型是一种保护阵型，在后排安排一名接反弹球的队员，其余队员都负责前排保护，当进行一点进攻时，改用四人保护。当转换战术队员移位时，应尽量安排二传和后排队员共两到三人一起组成保护阵型。

第五节　技战术教学与训练技法

教学与训练技法是指学生在进行某项技战术练习时，教师与学生交流的能力或给予学生指导性协助练习的技能。这些能力或技能是教师在多年的教学训练实践中积累的，必须通过学习才能获得。教学与训练技法可以分为两种，即教师与学生的交流技法、教师的带练技法。

一、教师与学生的交流技法

（一）语言交流技法

1. 语言交流的特点

（1）明确的目的性。在训练过程的各个环节上，语言的运用都应紧紧围绕课程任务、教材内容、组织方法去选择适当的语言并加以表达，以表明教师的旨意。训练课的语言具有明确的目的性，有目的的语言表述既有利于学生的学习和提高，也有利于教学任务的顺利完成。

（2）严谨的科学性。教学与训练的语言是传授排球运动的知识、技术和技能的方法，教师的语言要充分体现知识内容、知识系统的科学性。教学与训练语言的科学性表现为：讲述准确、推理严谨、进度有序、内容完整。

（3）语言的直观性。教师要运用生动的语言，将抽象的概念和事物形象地表现出来，简化并帮助学生对知识进行感知、理解和掌握，知道要"做什么"和"如何做"。

（4）严格的时限性。教学与训练课的语言运用具有严格的时限性。教师的讲解不宜超过3分钟，口令、指示等语言则更短，要在瞬间完成。教学与训练的语言要遵循精讲多练的原则，言简意赅，要有画龙点睛的功效。

2. 语言交流的要求

由于每个教师各自的特点不同，所表现的语言艺术特色也不尽相同。但是，作为一种教学与训练的常用语言，有着共同的规律和特点。教学与训练的特点决定了语言交流应符合以下几个方面的要求。

（1）准确清晰。教学与训练的语言是对排球运动的知识、技术和技能的客观表述，教师选词用字一定要准确清晰。一字不准就会改变知识与技术的特性，甚至出现错误。例如，正面上手发球要求"用全掌击球的后中下部"，绝对不能说成"击球的后中部"；"前排保护准备姿势"不能说成"全蹲准备姿势"。教学与训练课中的语言准确还表现在使用术语要准确，在排球运动课堂中要使用"垫球""传球""扣球""拦网"等术语，而不能说成"托球""拍球""拦球"等。体育术语具有特定含义，表述特定内容，可以理解为体育的通俗语言。学生掌握或熟知体育术语是学习体育知识的一个方面。教师要以身作则，准确无误地运用体育术语[1]。

（2）生动形象。在教学与训练过程中，教师运用生动形象的语言是学生学好各类知识的一个重要条件，生动形象的语句和比喻，以及幽默的情趣和栩栩如生的象声词，可以创造一个"如闻其声，如临其境"的氛围，达到一经点播便茅塞顿开的语言功效。并且，教学实践中创造的许多生动的语言，

---

[1] 王恒. 排球教学与训练[M]. 哈尔滨：哈尔滨工程大学出版社，2016.

简洁明快，说起来朗朗上口，听起来饶有兴趣，符合青少年的心理特点，使学生容易接收、理解和掌握。例如，有的教师在给学生讲解技术要领时总是编成口诀，如后排防守准备姿势的口诀为"两脚开立比肩宽，两个脚尖向内转，上体前倾脚跟提，关节投影依次前"；正面传球的口诀为"蹬地伸臂对正球，额前上方迎击球，触球手形成半球，指腕缓冲控制"。

（3）精练简洁。教学与训练课由于受时间的限制，要求语言交流必须精练简洁，达到少讲多练的目的。语言的精练简洁要求教练员熟悉教材内容，善于抓住难点、重点，合理归纳，提纲挈领，熟练运用术语，正确选词择字。例如，有的教师在教正面双手垫球的技术动作时，将完整复杂的技术过程用"夹（臂）、插（到球下）、压（腕）、提（肩）、蹬（地）、跟（腰）、送（重心）"这7个字来高度概括。这7个字包括正面双手垫球的技术要领，既体现了技术的结构和环节，也大致指出了动作的用力技巧，简明扼要，精练具体。

（4）寓意深刻。教师在传授体育运动的知识、技术和技能的同时，要注重对学生思想的教育，注重对学生意志品质的培养。体育运动比赛中教育学生团结协作、互相配合、全力以赴的集体主义观念和在激烈对抗中调整心态的积极意识。在排球教学与训练课堂中，许多教材本身就蕴含着深刻的教育意义和深远的人生哲理，只要教练员认真挖掘，耐心传授，学生就能在学习的过程中获得社会和人生的教益，获得精神的净化，情操的陶冶。

（5）通俗易懂。在进行语言交流时要根据教学对象的特点，选择合理的语言内容和表达形式，既要言简意赅，又要通俗易懂，还要适应学生的心理特点。

（6）诚恳亲切。教学的语言交流要体现出诚恳亲切的情感。充满色彩的教学语言，使学生不仅从语言的内容上，而且从语言的表达方式上接受。人们常说"通情达理"，可见，人际交往中"通情"是"达理"的前奏，没有感情的沟通就没有对道理的认同。在教师和学生的交际中，知识和情感水乳交融，才能达到畅通无阻、事半功倍的教学效果。在教学与训练课上往往会遇到一些具体的困难，如有些学生在学习拦网的初始阶段产生胆怯心理，导致动作萎缩，甚至不敢尽力起跳。在这种情况下，教师诚恳的教态，亲切的语言一般会对这些学生产生激励作用，使他们产生克服困难的信心和勇气。诚恳亲切的教学语言出自教师情感的自然流露，是教师内心的真实情感，不得有半点虚情假意、矫揉造作和装腔作势。不然，只能引起学生的怀疑，使学生产生厌恶心理①。

（7）节奏鲜明。教学与训练课中的语言讲究抑扬顿挫的节奏感，这既是语言的艺术，也是教学和训练的艺术。具有音韵旋律之美的语言可以增强语言的感情效果，提高教学质量。教师的语言要做到快慢有度，轻重适宜，急缓相间，疏密有序。教学与训练课中语言的节奏性主要体现在以下方面。

①吐字准确。教师在与学习者交流时一定要吐字准确，"调"和"跳"与"十"和"四"，要清楚，不能含糊。

②音量有别。对集体发出的指令，声音要高，音量要大；对小组进行指导，使用中音即可；而对个别学生进行指导或批评，则尽量使用低音，能使对方听清楚即可。

③速度变化。教学与训练课中的语言要有速度变化，体现出快慢缓急。教练员往往依靠语言速度的巧妙变化来创造跌宕起伏、抑扬顿挫的语言效果，以吸引和感染学生。一般来说，分析技术和讲解动作要领时要慢；而对刚刚出现的错误动作进行纠正时语言要快；口令和指挥调动队形要急；对个别学生提出批评时要缓。

（8）风趣幽默。教学与训练的课堂应该呈现生动活泼、快乐愉悦的氛围，教师风趣的表达、幽默的语言、诙谐的比喻、机智的谈吐都能打破课堂的沉闷，改变课堂的气氛。特别是在运动负荷较大或练习内容较为枯燥，学生感到疲劳和情绪低落时，一句风趣幽默的语言可以转变学生的注意力，消除他们的心理疲劳。

3. 语言交流的一些技巧

（1）表达的技巧。说话前要经过思考，避免随意、不负责任地讲话；尽量使用简练、直接的语言，立即说出要说的话；讲话要具体，避免冗长的独白；表达要清楚，前后要一致，语言信息和非语言信息应统一；交流中尽可能使用正面的表达方式；使用征求意见的表达方式，是为了引起讨论，例如，"我想你并未尽力，你在想什么？"如果你的讲话冗长，可以设法用不同的方式来说同一件事；力求获得对你的讲话是否得到了准确理解的反馈，要求他们对你的讲话作出反应；避免使用讽刺、挖苦的语言，与学生交谈时也应如此。

---

①陶尚武. 校园排球课程教学理论分析与创新[M]. 北京：九州出版社，2018.

（2）提问的技巧。强调学习过程，通常"问"学生该做什么比"告诉"他们该做什么要好；设法让学生积极参与到问题中；鼓励学生从经验中学习，如"如果你再遇到这种球，该怎么传？"力求在学习过程中增强学生的独立性和自我控制能力；训练尽可能使用有效的发问，如"什么？""怎样？""什么时候？""哪儿？"等；尽量多使用非限制性的提问，它将有助于产生更有益的交流。例如，"你喜欢这样扣球吗？"这样的限制性提问，与"这样练扣球和你以前练扣球相比感觉怎样？"或"你最喜欢这样练扣球的哪一点？"这两种提问相比较，后者得到的信息要多得多。

（3）奖励与批评的技巧。要用诚实的态度正面处理问题，慎用消极的批评；告诉学生具体"要"做什么，不说"不要"做什么；要注意观察，并以真诚的态度及时奖励，不因事小而不为；对学生的努力态度要多奖励，鼓励发挥，少奖励比赛结果，作为学生应对自己的才能感到高兴，更应使他对努力而刻苦的训练感到骄傲；在奖赏和鼓励之间进行褒贬式批评（积极的褒贬结合），首先指出学生做得好的方面，其次让他知道错误之处，并告诉他如何改正，最后对他进行鼓励；当学生犯错时，要保持冷静，应等待他自己改正和打出一个好球，这可能是他一次自我提高的机会；对于初学者，奖励与鼓励应更多一些，以激发他们的自觉性与积极性；尝试使用内在奖励，包括对成绩的感受，自信心的增强，对完成任务的自豪、自我鼓励、自己满意等，如"你应对你这场比赛的表现感到非常自豪"。在无外在奖励的情况下，成功的欲望是长期起作用的、最大的而且最有效的动力。

（二）非语言交流技法

所谓"行动胜过语言"，教师和学生之间的非语言交流是下意识的，它们往往比语言所传递的信息更可靠，也更重要、更有效。在体育课堂上的非语言交流中，最主要的是示范。教学与训练课与其他教学的最大区别在于教学与训练课中教师要用肢体描述和再现教材内容，而学生往往通过对教师动作的观察来建立正确的动作表象，提高学习兴趣，对技术本身所包含的美学成分予以接受并产生向往[1]。因此，有人说"体育教师本身就是一本教材"，学生通过"阅读"体育教师的肢体语言来上好第一堂课。非语言交流技法除了教练员的示范外，还包括以下几个方面。

---

[1] 王薇. 高校排球运动教学与训练发展研究[M]. 长春：吉林出版集团股份有限公司，2022.

1. 面部表情

面部是人体表情最丰富的部分。我们可用眼睛、眉毛、嘴等传递信息，尤其是眼神接触的时候可传递更多信息。

2. 手势和其他身体动作

应该更好地使用手、手指、手臂、头、颈、肩、腿等来"说话"，在做手势的时候应结合语言，以便进行有效的交流。

3. 体态

力求保持直立挺拔的姿势，显示信心、活力和开放；行走时，步伐要快速、坚定而有力，即便在疲劳时也应如此。

4. 身体接触

拥抱是向学生表示高兴的最好方式；紧握或高举拳头是表示赞许的有效方式；轻拍一下脑袋可表示担忧或关心，但一般不用在成人学生身上；将一只胳膊搭在学生的肩上是表示亲密的有效方式；有时你可能想把学生的胳膊抬起使其体会怎样击球。

5. 服装和外表

应穿着干净、整洁的衣服；注意卫生习惯，包括牙、手、指甲、身体的气味、头发等。

二、教师的带练技法

排球教师的带练技法的技术动作较多，概括起来可分为扣打技法、抛二传技法、掷球技法、推吊球技法、平发球技法和单手击球技法六种。

（一）扣打技法

1. 扣打技法的分类和分析

（1）抛打。教师自己抛球，然后向练习者扣打。

①准备姿势。教师站在网附近，面向后场，两脚自然开立，双手或单手

持球于腹前，两眼注视练习者的动作。

②抛球。用双手或单手将球平稳地轻抛在击球手臂的前上方约50厘米处。

③挥臂与击球。抛球的同时，击球手臂顺势抬起，屈肘后引，上提稍转，展腹，挺胸，手指自然张开微屈呈勺形。击球时，利用转体收腹的力量带动手臂加速挥动，前臂放松主动用力屈腕、屈指在头的前上方全掌包球向前推压，击准球的后上部。

（2）打垫。教师将防守队员垫回来的球，连续向防守队员扣打称为打垫。扣打防守队员垫回来的球，难度稍大，技术动作也较复杂。扣打这种球时，教师要加强判断，根据球速和弧度来判断球的落点，然后迅速移动取位，将击球点的位置保持在击球手臂的前上方，看准防守队员的位置，用扣打技术击球。

2. 扣打技法要求

（1）扣打要准确。在训练防守时，一定要打准。也就是说，教师应根据防守队员的位置和任务，控制扣打球的落点，这样训练才有效果。

（2）扣打时要活、要变。教师用扣打技能训练防守时，不能让学生被动等球，而是要通过扣打技法的变化让学生脚步灵活。这就要求教练员在击打时不能一味死打，而是要根据学生的准备姿势，变化扣打的力量或方向等，他们在移动中找球防守。

（3）扣打要有气氛。教师的扣打与学生的防守是对抗的矛盾，所以教师一定要通过扣打技法将学生的情绪调动起来。

（二）抛二传技法

1. 抛二传技法的分类和分析

（1）抛一般球。主要是指教师在网附近抛出的顺网一般高度供练习者做正面屈体扣的球。

①准备姿势。教师站在3号位附近，身体侧对球网，两脚自然开立，双手持球于腹前，两眼注意扣球学生的行动。

②抛球。利用双手抬臂的动作，将球平稳地向前上方抛出，使球垂直下落在4号位的标志杆内侧附近，高度约在网上2米。

（2）抛快球。主要是指教师在网附近抛出的低弧度供练习者做快攻扣的球。抛快球技术与一般球技术一样，其不同之处是，抛快球的用力轻，且主要靠抬前臂的抖手腕力量，将球送到扣球学生的击球手上。

（3）抛调整球。主要是指教师在后场抛出的各种斜网球，供学生做调整扣的球。抛调整球技术与抛一般球技术相同，但需要增加蹬腿动作，依靠全身力量将球抛到网附近。

2. 抛二传技法要求

抛二传技法要求有如下几点。

（1）抛球要稳、准，高度适中。

（2）抛球要减小球的抛物线弧度，使球尽量垂直下落，便于扣球时选择击球点。

（3）抛球时要根据扣球学生的需要，尽量主动适应扣球学生。

（4）抛球时要有变化，逐步增加难度，提高扣球学生的实战能力。

（三）掷球技法

1. 掷球技法分析

（1）准备姿势。以单手掷球技法为例，两脚前后开立与肩同宽，自然站立。单手持球于肩上，身体稍向持球手侧转动，两眼注视接球队员。

（2）投球。利用收腹挥臂，带动手腕向前加速，前臂放松，手腕、手指用力甩动，将球向接球队员投出。

2. 掷球技法要求

掷球技法要求有以下几点。

（1）掷球目标要准确。

（2）掷球力量要适中，速度由慢到快。

（3）掷球最好与抛打、吊球技术结合运用，提高一定的实战性。

（四）推吊球技法

推吊球技法是扣打技法的一种变化形式。它是以轻巧灵活的手指、手腕动作，将球推吊在接球学生附近的一种带练技术。在训练防守时，推吊球技法经常与扣打技法结合运用，这样能够培养练习者反应灵敏和判断移动的能力，更具有实战意义。推吊球技法是以扣打技法为佯攻，然后突然改变挥臂动作，以单手传球的手形，使五指保持一定的紧张度，击球的后下方或侧后下方，将球轻轻地推吊在防守学生的前、后、左、右方向。

（五）平发球技法

平发球技法是教师向接发球学生进行发球的一种简单、实用的技术。平发球动作较省力，也便于观察练习者的技术动作。平发球技法动作要领：两脚开立，与肩同宽，两膝微屈，上体稍前倾，左手持球于腹前，两眼注视接球队员。击球时，左手由前向后稍摆动抛球，正好与从右后侧向前摆动的右手撞击，右手半握拳用掌根击球的中后部，使球呈低平弧度飞向接发球队员。

（六）单手击球技法

单手击球技法是教师用单手将球击出一定弧度供学生练习的一种击球技术，是训练课中运用最多的一种击球动作。如进行二传训练时，教师用单手击球的方法供球；进行分队攻防对抗训练时，教师在场外用单手击球的方法供球等。总之，单手击球技法用途广、方便、实用、省力，是一种非常好的供球方法。单手击球技法与单手平发球技法的击球方法大体相同，不同之处在于供球种类的不同，击球部位、击球用力和出球弧度也有所区别。

第七章　排球运动的科学化训练与优化

排球运动的科学化训练是根据排球运动特点，从人体的代谢出发，通过科学采用专业的训练方法和手段，有效地发展排球运动所需的各种特殊能力。本章围绕排球运动代谢特征与运动训练监控、体能与身体素质训练、心理训练方式、排球运动损伤的科学预防展开论述。

第一节　排球运动代谢特征与运动训练监控

一、排球运动的代谢特征

排球运动是一项持续时间较长、体能消耗较大、间歇时间较少的运动，需要运动员具备良好的爆发力、力量耐力和速度耐力。排球运动是一项以有氧供能为基础、无氧供能为核心的混合性供能运动。

在无氧供能系统中，又分为磷酸原供能系统和糖酵解供能系统。排球运动过程绝大部分以运动员的无氧供能系统为主，而在爆发性的运动过程中则以运动员的磷酸原供能系统为主。有氧运动是比赛运动的基础，场上任何激烈攻防转换的间歇，都起着至关重要的作用。在有氧运动过程中，有氧化过程的产物可以通过糖异生恢复补充运动员的肌糖原的消耗，此外有氧运动能够让运动员调整比赛节奏和心理状态，为下一次激烈的攻防转换做准备[1]。

二、排球运动训练监控

（一）负荷监控的内容解析

1. 血红蛋白

血红蛋白是存在于红细胞中的含铁蛋白，约占红细胞干重的97%，主要作用是运输氧气和二氧化碳，并参与体内酸碱平衡的调节。血红蛋白浓度反

---
[1] 刘文学，李凤丽. 排球运动训练与指导[M]. 长春：吉林摄影出版社，2017.

映了运动员的营养状况和身体机能水平。运动员在大运动量、大负荷强度时会造成不同程度的红细胞的机械性磨损，造成红细胞的溶血增加，红细胞的血色素会不同程度地下降，根据这一标准可以判断负荷的级别。

2. 雄性激素与肾上腺激素的比值

血睾酮是体内的雄性激素，具有强烈的同化作用，睾酮水平的提高有助于身体机能水平的发挥。而皮质醇是肾上腺分泌的激素，运动时皮质醇的分泌增加可以加快能源物质分解速率以适应运动的需要。

3. 尿蛋白

运动员安静时尿蛋白含量非常低，需要高精尖的仪器才能检测出来。运动性尿蛋白是因为大负荷的运动量所引起的尿液中蛋白质增多的现象。运动员的尿蛋白是一过性的，在运动后经过一段时间即可恢复。

4. 血清肌酸激酶

大运动强度和运动负荷会导致血清肌酸激酶升高，血清肌酸激酶的变化也是大负荷量的结果，根据这个特点，可以制订出相应的评价指标体系。

5. 酮体

酮体是脂肪酸在肝脏中的正常产物，肝细胞的线粒体中含有各种各样的酶类。人体在短时剧烈运动后，不会产生大量的血酮体，可以作为一个运动负荷监控的指标。脂肪的动用不代表就超出运动员的适宜负荷，因此如何建立一个在数据对照等级基础上的适宜的评价指标，是一个值得探索的问题。

（二）训练强度监控内容的解析

训练强度主要监控以下的内容。

1. 血清肌酸激酶

当运动训练的强度过大时，肌细胞膜外力的机械作用受到破坏，细胞膜的通透性增加，大量的肌酸激酶渗透到血液中。血清肌酸激酶是监控运动训练强度的一个重要指标。

2. 心率指标

在有氧耐力训练的过程中，常常以心率作为评价和制订运动训练强度的重要依据。心率的测定与实施比较方便可行，结果的反馈性比较好，所以使用率较大。具体方法是测得运动员安静时的基础心率和最大心率，从而得出心率储备继而得到靶心率，靶心率 = 基础安静心率 + 75%心率储备。

3. 最大摄氧量指标

最大摄氧量指标是制订有氧运动训练强度的指标，测得最大摄氧量后，以最大摄氧量为最大强度，运用最大摄氧量百分比确定相应的训练强度，需要运动员做极量的运动后测得，误差较大，适用于运动水平较低的运动员。测得最大摄氧量后，再测得运动训练即刻的摄氧量，对比得到百分比，得出训练强度。但是最大摄氧量的遗传性较大，所以指标不够准确。

4. 血乳酸指标

血乳酸阈强度是有氧训练的最佳强度，不仅可以最大限度地训练机体的能力，而且可以最大限度地减少乳酸的产生，让机体一直处于有氧供能状态，最大限度地训练有氧供能能力。另外作为一般训练强度的指标，可以先测得该运动员的最大运动强度（以心率测得）时的血乳酸值，再测在本次运动结束后3~5分钟后的血乳酸值，根据血乳酸此时的浓度占最大强度时的比例来确定本次训练的运动强度。

5. 尿蛋白

作为一过性生化指标，与运动强度关系最为密切，可以将尿蛋白在运动后的含量与正常负荷运动后的含量做对比，或者建立相应的负荷强度——尿蛋白含量的对照等级，来监督该次训练课是否超量，甚至可以通过第二天早上的晨测指标与正常安静状态下的指标做对比，来评价该次课的负荷强度。所以，对运动员1次或1个周期的训练强度的评价可以以此为指标，建立相应的评价等级。

（三）一次课训练成果的监控与解析

1. 尿素氮

一次性的运动后，尿素氮的浓度变化与运动负荷量、身体机能状况密切相关。一般在次日的早晨去测量此时的尿素氮含量，如果此时的尿素氮值超过本人安静时2个单位，那么说明该运动量过大，应该调整运动负荷量。

2. 血清肌酸激酶

运动时血清肌酸激酶活性升高，运动后8~16小时出现峰值，48小时后逐渐恢复至正常水平。运动后血清肌酸激酶变化的幅度以及恢复至正常水平的速率与运动负荷强度、运动持续时间、运动方式、训练水平、身体机能状态有关，运动强度越大、持续时间越长，恢复所需的时间也越长。

3. 尿蛋白

此指标在全身性的运动项目中效果更佳，应用尿蛋白评价一次课的训练负荷强度，一般在运动后15~20分钟后取尿测定。运动强度较大、持续时间较长的运动项目以无氧供能为主，由于缺氧明显，尿中蛋白质含量增多，由此可以建立起相应的训练强度——尿蛋白含量的等级评价指标。

4. 血氨

氨是蛋白质、氨基酸和其他含有氨基化合物的代谢产物，氨从组织释放到血液循环中，会对机体产生一系列的不利影响。在一堂课训练结束后，测量此时的血氨水平，需要了解该个体适宜运动负荷的血氨水平临界值，或者建立相应的负荷——血氨水平对应等级指标，来准确判定训练负荷的适宜程度。根据上一节课的指标来确定这次课的训练是否有进步。这种评价体系也可以应用于训练周期效果的评价。

第二节 排球运动的体能与身体素质训练

一、排球运动体能训练概述

（一）体能训练的概念

运动员的运动水平是由其竞技能力所决定的，是运动员体能、技能、智能和心理能力的综合表现。体能（即身体能力）是运动员在训练比赛中专项身体素质、机能水平和身体形态特征的综合体现，良好的体能是不断提高技战术水平和取得优异成绩的重要保证。

体能训练是指对运动员科学地施加专门的训练刺激，使运动员有机体在形态、机能和运动素质等方面都产生良性训练适应能力的训练过程。换言之，体能训练是指人体在艰苦的环境中，长时间、高强度、大负荷持续工作能力的训练。它突出对人体各器官和机能系统的超负荷适应能力训练，旨在产生机能和心理适应能力，以达到提高整体运动能力和培养顽强拼搏精神的目的[1]。

在排球运动员竞技能力构成因素中，体能起着举足轻重的作用。纵观世界排坛的发展历史，一支排球队要获得优异的成绩，必须做到体能、技能及比赛经验（包括良好的心理训练水平）三者高度统一协调的发展。而在这三者中，体能是基础。没有高度发展的体能，就不可能掌握精湛、高级的技术；没有超群的技术，就没有在世界重大比赛中夺魁的可能。在夺取胜利的道路上，运动员的体能起着重要的作用。因此，体能训练是排球运动员训练中必不可少的内容之一。

排球运动员的体能是指其身体的运动能力。排球运动员在比赛中所表现出的身体运动能力，是其身体形态特征、机体机能水平和专项身体素质的综合运用。排球运动员的身体形态特征是指运动员身体的长（高）度、围度和身体成分等指标的构成特征，专项身体素质是运动员在比赛中完成运动动作所表现出的速度、力量、耐力、灵敏、柔韧和协调能力，身体的机能水平是指运动员的身体健康状态、有机体各器官系统的机能、运动员有机体承受大负荷训练比赛的生理抗疲劳能力和恢复能力。

（二）体能训练的意义

运动训练学中所称的竞技能力也称为比赛能力，它是运动员的体能、技能、智能和心理能力的有机结合。其中体能是运动中竞技能力的基础，是竞技能力的重要组成部分。运动素质是体能在某一方面的表现，是对运动员心理意志品质的再塑，比赛实践对运动员体能的要求永无止境，应努力达到最高限度，以促进运动技术水平的不断提高。

排球运动员的体能训练主要是为了提高各项身体机能，改善中枢神经系统及内脏器官的机能，使其能适应排球技战术发展的需要，保持良好的竞技

---

[1] 金宗强，鲍勇. 我国优秀排球运动员专项体能评价与诊断[M]. 天津：天津大学出版社，2018.

状态，延长运动寿命，防止伤害事故的发生。

体能是掌握排球运动技术的基础，良好的体能是不断提高排球运动技战术水平的重要保证。现代排球运动对抗激烈，场上情况复杂多变，并且向着全、高、快、变的方向发展，这就对运动员的各项身体机能提出了更高的要求，体能训练的重要性也就尤为突出。发展与提高运动员的体能必须通过有计划、有目的的科学训练才能实现[1]。

二、排球运动体能训练的基础知识

体能是指人体各器官系统的机能在体育活动中表现出来的能力，包括力量、速度、灵敏、耐力和柔韧等基本的身体素质，以及人体的形态和基本的活动能力[2]。

（一）排球运动的运动强度、运动密度与运动量

在教学训练过程中，负荷量的大小对练习效果有重要的影响，弱负荷的刺激不能引起身体机能的变化，过强的负荷则超过人体的适应能力，会有损健康。

运动强度是指单位时间内所做的功。运动密度是指每一次锻炼中运动与运动之间间隔的次数和时间的长短。运动量是指练习所给予人体的生理负荷量，是运动强度、运动时间和运动密度3个部分的总和。运动的密度、强度与运动量的变化呈正相关，但运动的密度和强度并不呈规律性变化。有时练习的密度大，运动强度却不大；有时练习的密度小，运动的强度却比较大，因此，在安排教学训练时应注意各种影响因素。

（二）排球运动的基本体能训练

基本体能训练是指根据专项体能的需要，在运动训练中以各种身体训练形式、训练方法和训练手段，来全面提高运动员的基础运动素质，增强各器官系统的一般机能和改善身体形态，掌握基本体能训练的理论与实践知识，为运动员专项体能最大限度地提高，打好多方面的基础。

---

[1]刘文学，李凤丽.排球运动训练与指导[M].长春：吉林摄影出版社，2017.
[2]杨现卿.关于排球运动员的体能训练研究[J].当代体育科技，2018，8(14)：43-44.

1. 排球运动中发展力量的基本训练方法

（1）极限训练法。进行重复次数多、速度较慢、负重量为最大重量的50%～70%的练习，做到极度疲劳为止。

（2）大负重练习法。以运动员所能举起的最大重量的80%～90%的负重进行的多次练习。每组做到疲劳为止。组间休息4～5分钟，一次练习5～8组。

（3）重复练习法。以极限速度多次克服非极限负重练习。重复次数为20～30次，组间休息2～4分钟，一次练习6～8组。

（4）循环练习法。特点是依次通过几个"站"，在各站上完成具有一定练习作用的练习。从练习的目的来看，循环练习是与技术练习相结合的力量练习——速度力量练习。

发展力量的练习必须与放松练习相交替。负大重量的练习应间隔1～2天进行。

力量素质又可分为最大力量、速度力量、力量耐力三种类型。

发展肌肉力量的生理过程为：刺激—反应—适应—增加刺激—反应—适应—增长力量。

排球运动员力量训练有动力性、静力性、等动练习，应以动力性练习为主要形式。

2. 排球运动中发展速度的基本训练方法

（1）游戏法和比赛法。在比赛条件下以极限的动作速度和移动速度完成练习。分组完成练习可提高这一方法的效果。

（2）变速法。大强度（进行10～15秒）的动作与小强度（15秒以上）的动作有节奏地交替进行。

（3）重复法。以最快速度重复进行练习10～15秒，每次间隔1分钟以内。

速度能力是指运动员完成运动动作的快慢。速度能力由3个部分组成：第一部分是简单和复杂的动作反应速度，即动作的反应潜伏时间；第二部分是单个动作的速度，即在无外部阻力的条件下完成动作所需要的时间；第三部分是动作频率，即在单位时间内完成动作的数量。

3. 排球运动中发展耐力的基本训练方法

（1）匀速练习法。在脉搏为150次/分钟的条件下，以比较均匀的中等速度进行长时间的练习（20分钟以上）。越野跑、滑雪、游泳等都是这种练习形式。

（2）重复变速练习法。特点是有计划地加快练习的速度，致使产生"氧债"（短时间的），而这些"氧债"应待以后用中等速度进行练习和随意休息时加以消除。在提高练习强度之前，应在脉搏为140~160次/分钟的条件下进行练习；而在提高强度后，应在脉搏为180次/分钟的条件下进行练习。

（3）循环练习法。依次进行发展力量、速度、灵敏性的练习，可采用不同的结合法。

（4）比赛法。比赛法减少队员配备（3×3、4×4、4×3、5×3等），能控制时间间歇，提高进攻和防守中的小组配合和全队配合，有助于发展耐力。

4. 排球运动中发展灵敏素质的方法

发展灵敏素质应逐渐地由简入繁，要在双人练习和分组练习中加强运动员的对抗性。灵敏素质练习要求运动员注意力集中，动作准确和快速。最好把这些练习安排在练习课的前半部分，在运动员注意力集中的时候进行。

发展灵敏素质，一般采用能让运动员借助机智和快速动作解决突变局面的各种练习。在不习惯的条件下或不平常的姿势下进行的排球基本练习也有助于发展灵敏素质。

5. 排球运动中发展柔韧素质的方法

运动员有机体的柔韧素质是指人体各关节的活动幅度和肌肉、韧带的伸展能力，直接影响着技术动作的节奏感、协调性、动作幅度和完成技术动作的效能。充分热身避免在练习时肌肉韧带拉伤。在运动量负荷专项练习之后，进行专门的动力性或静力性柔韧练习，可以使挛缩的肌肉放松，保持肌肉的弹性。

有弹性的伸展练习可发展柔韧素质，但练习组数及次数不宜多（每组练习重复10~15次），动作速度和幅度逐渐加大。组间休息做一些放松练习。发展柔韧素质的主要手段是小重量的负重练习、双人练习、器械操练习、一般发展练习与排球技术动作相近的练习。

（三）排球运动的专项体能训练

以专项运动动作或与专项运动动作在特点上相似的运动动作为训练形式，采用各种训练方法和手段，提高专项技战术所需要的专项运动素质、机体各器官系统的专项机能，形成专项身体形态、掌握专项体能训练的理论与实践知识，能最大限度地提高运动员的专项运动成绩[①]。

1. 排球运动的移动练习

（1）看手势信号，做急转身跑练习。

（2）距离墙2米，以准备姿势站立，接身后教练以各种变化抛向墙体的反弹球练习。

（3）守门员练习，近距离快速抛出上、下、左、右各种球，要求练习者将球挡出。

（4）接近距离的各种扣球。

（5）隔着幕布接各种抛球。

（6）滑步移动练习，要求步幅小、频率快。

（7）交叉步移动练习。

（8）向一侧晃动变向做滚翻或鱼跃。

（9）36米移动。

（10）快速冲刺30米、60米、100米。

2. 排球运动的弹跳力练习

（1）连续深蹲蛙跳。

（2）连续跳起空中收腹。

（3）跳起单手交替摸篮圈，连续进行。

（4）负砂衣连续直腿跳、半蹲跳、深蹲跳。

（5）双脚起跳连续过栏架。

（6）跳台阶练习。

（7）负杠铃全蹲、半蹲练习。

（8）两腿分立于凳上，手提壶铃蹲跳练习。

[①]王恒.排球教学与训练[M].哈尔滨：哈尔滨工程大学出版社，2016.

（9）负杠铃提踵练习。

3. 排球运动的挥臂用力练习

（1）徒手连续做快速挥臂练习。
（2）手持轻杠铃片做扣球挥臂练习。
（3）用扣球手对墙掷垒球、网球等。
（4）徒手用扣球手法挥臂抽击高点的树叶。
（5）用橡皮筋带辅助练习挥臂扣球的爆发力。
（6）持小哑铃或杠铃杆连续做屈腕动作。
（7）杠铃卧推练习。
（8）杠铃连续向斜上方快速推举练习。

4. 排球运动的腰腹部的练习

（1）垫上仰卧起坐练习。
（2）背肌练习。
（3）斜板仰卧起坐练习。
（4）肩负杠铃做左、右转体练习。
（5）双手持杠铃片做体绕环练习。
（6）在攀登架上做举腿绕环练习。

三、排球运动中的身体素质

（一）排球运动中发展力量素质的训练方法

力量素质的训练方法多种多样，排球运动员从事力量训练的目的是以力量素质为基础，提高运动员的弹跳能力、移动能力和挥击能力。发展力量的目的不同，力量训练的手段与方法也不同[1]。

1. 排球运动负荷的性质

（1）等长力量练习。即静力性力量练习，是运动员克服不可能克服的阻力的练习。等长力量练习的力量可随意调节，静力性力量练习对发展静力性

---

[1]宋元平，马建桥.排球运动技能学习分析[M].北京：北京体育大学出版社，2011.

力量是必要的，有助于发展最大力量。

（2）等动力量练习。一种需通过专门器械——等动练习器来进行力量训练的方法。在进行等动练习时肌肉一直以某种张力进行收缩，并且收缩速度始终恒定。等动练习在整个关节活动范围内，在可调节的不同速度条件下，都保持肌肉的最大张力，因而在动作的整个过程中，肌肉都能得到最大力量的有效训练。

（3）超等长练习。即肌肉先做退让工作，并且肌肉被极度拉长，然后尽快转入克制工作。这种练习的目的在于发展爆发力，其生理机制就是牵张反射。

2. 排球运动中的负荷强度

负荷强度主要体现在阻力或负荷重量的大小上。在力量训练中，将负荷分为若干级别。分级标准以最大力量的百分数或竭力重复次数负荷重量的相对值来划分。

力量负荷强度增加，负荷数量必然相对减少，导致负荷总量减少。因此，重负荷的力量训练对人体的影响主要是功能性的，有影响其调节功能、发展最大力量的作用。随着负荷强度减小，负荷数量相对增加，负荷总量加大，对肌肉结构性影响增加，促使肌纤维增粗。同时，对发展肌耐力的作用也增加。轻负荷指一般轻器械练习，轻负荷力量练习的重点在于提高负荷节奏（速度），要求运动员以最大速度完成练习，保证最大功率输出，主要用以发展爆发力。

3. 排球运动中的负荷数量

练习的重复数与负荷强度相关，强度增大，则重复数减少。不同强度与数量的匹配具有不同的作用。发展绝对力量，采用极限强度（90%以上），反复进行1~3次的练习。采用较大强度（75%），快速、反复进行6~8次的练习，主要是改善肌肉内协调能力，发展爆发力。

4. 排球运动中的负荷节奏

采用练习的负荷性质确定之后，便是负荷强度、数量和节奏这3个基本负荷因素的匹配。调节负荷节奏，即完成练习的速度，与负荷强度、数量密切相关。应该指出，在完成练习时，对运动员来说，任何负荷强度的练习，都应要求在主观上尽可能地以最快速度完成动作。

5. 排球运动中的负荷方式

负荷方式分为持续和间歇两种方式。力量训练一般都采用间歇训练方式[①]。间歇时间根据训练目标、运动员训练水平、负荷节奏以及发展肌肉的数量而定。

(二) 排球运动中发展柔韧素质的训练方法

1. 主动与被动拉伸练习

柔韧练习，根据其不同训练效应，被分为主动柔韧练习和被动柔韧练习两类，每类练习还分为动力和静力两种形式。主动动力柔韧练习是练习者依靠自己的力量，将肌肉、肌腱、韧带等软组织拉长，提高其伸展性的方法。

2. 拉长肌肉和结缔组织的训练

拉长肌肉和结缔组织的训练有快速爆发式牵拉练习和缓慢牵拉练习两种方法，前者在进行牵拉练习时有疼痛感，并且在准备活动不充分时较易拉伤肌肉；后者的有关部位肌肉、韧带缓慢拉长至一定程度时（有轻微的疼痛感觉），因超过关节伸展限度小，不易引起损伤和疼痛，并可以有意识地放松对抗肌，所以锻炼效果较爆发式牵拉练习好。

(三) 排球运动中的耐力素质

耐力素质练习的方法较多，而且各种方法都有其各自的特点。常用的耐力练习方法主要包括以下几种。

1. 持续练习法

指在相对较长的时间里（不少于30分钟），以较为恒定的强度持续地进行练习的方法。持续练习法具有持续刺激机体的作用，有利于改善大脑皮层神经过程的均衡性，提高心血管系统和呼吸系统的功能，能有效地利用体内

---

①杜鹃.间歇训练法在排球专项体能训练中的应用研究[J].田径，2019(3)：25-26.

储备的能量。有利于发展有氧耐力和一般耐力的持续练习法由于持续时间较长，又没有明显的间歇，所以总练习负荷量较大。但是练习时的强度较小，而且比较恒定，变化不大，一般在60%的强度上下波动，且练习对机体产生累积性的刺激比较和缓。持续练习时，内部负荷心率一般控制在140~160次/分钟为宜。

2. 重复练习法

指不改变动作结构和外部负荷表面数据，在相对固定的条件下，按照既定间歇要求，在机体完全恢复的情况下反复进行练习的方法。

3. 间歇练习法

指在一次（或一组）练习之后，按照严格规定的间歇时间和积极性间歇方式，在机体未完全恢复的情况下从事下一次（或一组）练习的方法。间歇练习法与重复练习法相似，主要区别在于间歇上的不同要求。重复练习法的间歇是采用完全恢复的间歇负荷和无严格规定的间歇方式（多以消极性的静息为主）进行的。而间歇练习法则是以未完全恢复的间歇负荷和积极性的间歇方式进行的。运动员总是在未完全恢复的状态下进行下一次练习，有明显的疲劳积累，对机体的刺激强度较大，有利于提高机体的心肺功能和无氧代谢能力。

4. 变换练习法

指在各种变化因素的条件下反复进行练习的方法。

5. 放松练习法

指运用游戏或比赛进行练习的方法。这种方法能较快地提高运动员练习的兴趣和积极性，放松并在练习中充分发挥主动精神，使机体能够承受较大强度的负荷，有利于提高其有氧耐力和无氧耐力。

6. 高原训练法

主要利用高原空气稀薄的特点，在缺氧情况下进行训练。这有利于刺激机体改善呼吸及循环系统的机能，提高最大吸氧能力，刺激造血功能，增加循环血中红细胞和血红蛋白的数量，提高输氧能力。因而，高原训练具有提高运动员对"氧债"的承受能力，进而提高其有氧耐力和无氧耐力。

7. 循环练习法

各项内容及编排必须符合专项特点的要求进行选择和设计，同时应根据"渐进负荷"或"递增负荷"的原则安排练习。

（四）排球运动中发展速度素质的训练方法

1. 结合专项需要

速度素质的练习应结合运动员所从事的运动专项进行。在排球运动中动作复杂多变，要求运动员能在瞬间对各种复杂多变的情况做出应答反应。

2. 分解运动法

分解应答反应的动作，在较为简单的条件下，通过提高分解动作的速度来提高反应速度。

3. 完善技术法

动作速度的提高在很大程度上取决于完善的运动技术。只有熟练地掌握正确合理的运动技术，善于放松协调地完成动作，才能最大限度地发挥主动肌的功能，从而发挥已有的动作速度水平。

4. 结合力量练习

力量练习是提高移动速度的途径之一，尤其是发展爆发力。

5. 放松训练法

人体在充分放松的状态下，肌肉张弛有度，能减小肌肉本身的内阻力，增大肌肉合力，使速度素质得到提高。

（五）排球运动中发展灵敏素质的训练方法

1. 结合运动技能的目的性

不同的运动项目要求有不同的灵敏技能，想获得良好的训练效果，就应当紧密结合专项训练。

2. 结合其他项目动作训练

结合其他项目动作训练，辅助练习，有利于提高排球运动技能。

3. 结合反应判断训练

反应可以分为两类：一类是对即将发生的动作有事先预知，并做出规律的动作反应，称为单纯反应；另一类则是动作不预定，根据刺激条件而做出下意识的动作反应，称为复杂反应。就对灵敏性的影响而言，复杂反应显然比单纯反应更为重要。

4. 结合爆发力训练

爆发力是力量与速度的综合表现，由于其在敏捷性的动作表现上，会反复出现起动、制动、再起动的过程，因此具有良好的爆发力，对灵敏素质的提高尤为重要。

第三节 排球运动的心理训练方式

一、排球运动中运动心理素质训练的性质

体育运动中的心理素质训练简称为"心理训练"，有广义和狭义两种理解。

广义的心理训练是指在体育运动中，有意识、有目的地对运动员施加影响的过程，使其心理状态发生变化，达到最适宜的程度，以满足提高运动技术水平和增进身心健康的需要。

狭义的心理训练是指采用专门性的具体训练方法来改变运动员或学生的某一具体心理因素，以适应体育教学、训练和比赛的需要。

广义、狭义两种心理训练的不同如下：一是广义的心理训练是采用各种方法对运动员的心理施加影响的过程，狭义的心理训练则是采用心理调节的专门技术手段进行训练；二是广义的心理训练是着眼于心理状态的普遍适应和改善，狭义的心理训练则要求提高具体的心理素质或克服某种心理障碍；三是广义的心理训练涉及的问题较多，一般短期内不易看到直接效果，

狭义的心理训练则要求具有明显而较快的心理训练效果[1]。

在实际应用中，两种心理训练是紧密联系、相辅相成的，不应当人为地把两者割裂开。

二、排球运动中心理训练的重要作用

心理因素是运动员或学生在教学、训练和比赛中控制、调节自己生理活动与技术动作的主导因素。原因如下。

一是心理活动水平太低，就不能对生理活动和技术动作进行有效的控制与调节，在这种情况下，即使具有较好的身体素质和技术水平，也不能使其充分发挥作用。

二是如果心理活动水平过高，充足的生理活动能量会冲击心理状态，进而产生心理紧张，冲击肌肉动作，使其用力过大、动作变形，造成比赛或训练的失误。

三是控制心理活动强度。运动实践表明，运动员或学生在竞赛活动中，不仅要付出巨大的体力消耗，心理强度的强弱也是技术动作等能否得到充分发挥的重要保证。教师在教学和运动训练中，要对运动员或学生进行一定的心理训练，使其心理活动水平适合身体素质、技术动作的同步发展和提高，以适应比赛的要求，始终维持身心力量的协调性。

四是掌握和改进动作技能。在体育教学和运动训练中，学生对运动技术的学习不单是对肌肉活动的训练，也是对大脑心理机能的训练，运动技术的学习过程实际是智力和体力活动结合的过程。

五是消除疲劳，恢复体力。心理训练有助于帮助运动员或学生消除疲劳和恢复体力。研究表明，大运动量训练后，进行5分钟心理自我调整训练，其身心恢复情况和一小时的自然睡眠或传统的恢复手段几乎相同，这是借助神经与肌肉之间相互适应的现象，对自己的心理施加影响而产生积极作用的结果。

心理训练还能帮助运动员或学生克服恐惧、消除紧张和心理障碍。

三、排球运动的心理训练方法

凡是对某种心理现象施加影响，使其发生变化的措施都可以被称为心理

---

[1]陈诚.现代排球技战术与实战训练研究[M].西安：陕西人民教育出版社，2019.

训练。在体育运动中，由于运动员专项、年龄和个体心理特点的不同，对所从事的各个专项的运动员或学生进行心理训练时，所采用的方法也应当有所不同。排球运动员的一般心理训练方法大体可以分为以下几种。

（一）行为主义理论式训练

1. 放松训练

这是一种使自己身心放松的方法。运动员在进行一次大运动量的技术、战术训练或比赛之后，他们的体力、脑力消耗很大，在一般情况下，这种体力和脑力的恢复可以自然完成。但是，往往在大强度的训练和剧烈的比赛中，有的单靠自然休息还不能恢复体力、脑力，其产生的疲劳现象（主要是精神疲劳）会影响训练水平的提高和比赛成绩。实践证明，进行良好的放松训练对于有效地减缓和消除疲劳有重要作用。

（1）放松训练的概念。

放松训练是以一定的暗示语集中注意，调节呼吸，使肌肉得到放松，从而调节中枢神经系统兴奋性的方法。目前，人们普遍采用的是美国芝加哥生理学家雅克布逊首创的渐进放松方法、奥地利精神病学家舒尔兹提出的自生放松方法和中国传统的以深呼吸和意守丹田为特点的松静气功3种放松方法。各种放松练习方法的共同点是，注意力高度集中于自我暗示语或他人暗示语，进行深沉的腹式呼吸，使全身肌肉完全放松。

（2）放松训练的作用。

①放松与暗示效应。放松练习后，大脑呈现一种特殊的松静状态。这种状态有别于日常的清醒状态、做梦状态或无梦睡眠状态，俗称半醒的意识状态。此时，人的受暗示性很强，对言语及其相应形象特别敏感，容易产生符合言语暗示内容的行为意向。

②身体放松与心理放松。人们在日常生活中常有这样的体验，心理紧张时，骨骼肌也不由自主地紧张，如肌肉发抖僵硬、说话哆嗦、全身发冷等，而当心理放松时，骨骼肌也自然放松。由此可见，大脑与骨骼肌具有双向联系。因此，肌肉活动越积极，从肌肉往大脑传递的冲动就越多，大脑就越兴奋，准备活动就起这种作用。反之，肌肉越放松，向大脑传递的冲动就减少，大脑兴奋性就越低，心理上便感到不紧张了。

（3）放松训练的方法。

放松训练的具体方法很多，如自我暗示放松训练、自律训练、肌肉骨骼放松训练、超觉静坐、催眠术等。进行放松训练时，一方面，以一定的自我暗示套语使肌肉得到充分放松，体会四肢的沉重和温暖感，同时由于呼吸频率放慢，而对心率、血压等植物性机能产生良好的影响。另一方面，当身心处于放松状态时，大脑皮质的兴奋度降低，同时借助于重复默念有积极肯定愿望的公式套语，使意念更集中到放松的感觉上。心理放松训练可以有效地消除紧张情绪和神经系统的疲劳现象，是一种调节身心、控制情绪的好方法，但必须坚持系统的反复训练，才能达到预期的效果，绝不是短时期内能够奏效的。在自我暗示放松训练中，常用下列的放松语言公式：

① "我安静了，很安静了。"
② "我的双手放松、暖和了。"
③ "我的双手完全放松、暖和了，不能动了。"
④ "我的两腿放松、暖和了。"
⑤ "我的两腿完全放松、暖和了，不能动了。"
⑥ "我的肩、背、腰都放松、暖和了。"
⑦ "我的肩完全放松、暖和了，不能动了。"
⑧ "我的颈部完全放松、暖和了。"
⑨ "我的颈部完全放松、暖和了，不能动了。"
⑩ "我的脸部放松、暖和了。"
⑪ "我的脸部完全放松、暖和了，不能动了。"

放松后的启动语言公式：

① "我休息好了。"
② "我呼吸加快了。"
③ "像有凉风吹拂过我的身体，很凉快。"
④ "我的头脑现在很清醒、很舒服。"
⑤ "我的胳膊、腿、肩、背、腰、颈、脸的肌肉都很轻松，有弹性了。"
⑥ "我精力充沛要去训练了。"

然后深吸一口气，呼气时睁开眼，慢慢站起来走2～3分钟，并做轻微的活动，以上最少重复两次，用逐渐提高和加快的声调，连续默念两遍。如果在睡前练习放松，可不用启动公式，午睡时可在入睡前让脑子里出现起床时的时钟指针，到时间就能按时醒过来，练习越熟练，误差越小。如放松后要进入积极状态，可在启动公式中加进身体各部分开始发凉的句子，最后还可以加上"我越来越兴奋""我就像压紧的弹簧……"。

2. 生物反馈训练

（1）生物反馈训练的概念

生物反馈（或生理回馈）利用电子仪器将与心理生理过程有关的机体生物学信息（如肌电、皮电、皮温、心率、血压、脑电等）加以处理，以视觉或听觉的方式显示给人（即信息反馈），训练人们通过对这些信息的认识，有意识地控制自身的心理生理活动，即通过中枢神经系统（central nervous system，简称CNS）调控以往难以调控的植物性神经系统（或自主神经系统）（autonomic nervous system，简称ANS）的功能或者调控运动行为。例如，运动员在训练或比赛中出现了情绪紧张，在生理上表现为植物性神经系统控制的机体部分发生一系列变化，如心率加快、血压升高、毛细血管扩张等。生物反馈可以使用电子仪器显示各种信号（主要是视听信号），告诉运动员紧张情况下的主要生理机能反应，从而将紧张控制在适宜程度，这就是生物反馈的作用。

生物反馈训练不仅具有调整情绪状态、消除过度紧张、改善机体各器官系统机能的作用，而且可以提高运动感知能力，加速运动技能的形成，使技术动作更加协调。如运动员练习动作时，利用肌电仪让运动员在示波器上直接观察肌电变化，可以提高运动员的肌肉用力感觉，精确区分完成动作的用力肌肉、用力时间和用力强度，从而加速运动技能的形成与完善。在耐力性项目的运动中，使用心率监测仪能够使运动员直接听到自己的心率变化情况，以便调节和控制练习的强度。

（2）生物反馈训练

生物反馈是指人的活动结果成为信息反映在头脑中。简单来说，生物反馈就是使人知道内脏活动的信息，了解内脏器官活动的情况，从而学会控制内脏器官的活动。生物反馈训练又称"内脏学习""自主神经学习"或"教育自己的内脏"。它利用现代化电子仪器把自身内脏活动的信息显示出来，使自己知道并了解自己行动的效果，从而有意识地去控制行动。这种训练方法实际上是使训练者把生理功能变化的方向和自己的感觉联系起来，逐步学会在某种程度上调节自己的生理功能并向有利方向变化的训练方法。这种方法对消除过度紧张、恐惧和焦急情绪很有作用，对治疗一些疾病也有作用。

运动员或学生在训练和比赛时，往往出现情绪紧张等现象，这种现象必然在生理方面有所反应，特别是植物神经系统控制的各部分发生变化，如心率加快、毛细血管扩张、血压升高等。通过生物反馈训练，可以学会如何控制自己的这些反应，进而消除紧张，使肌肉放松到理想状态和保持最佳的心理激活水平，同时也可以调节心率及血压，改善情绪状态。

这种方法的效果要经过较长时间的训练才能显示出来，因为对植物性神经系统进行控制，时间太短是不行的。实践证明，生物反馈训练不仅可以稳定运动员的情绪，消除紧张心理，而且能加速消除疲劳。

3. 系统脱敏训练

系统脱敏训练（或敏感递减训练）是心理治疗中的行为治疗方法之一，可用于特殊领域的焦虑或恐惧症，其理论依据主要是沃尔普等人提出的相互抑制原则。沃尔普认为，神经症习惯是在引起焦虑的情境中把中性刺激与焦虑反应相结合而习得的。如果在有引起焦虑刺激的情况下产生一种与焦虑不相容的反应，比如放松、自信等，那么刺激与焦虑反应之间的联系必将减弱，他称这个过程为相互抑制。一个人不能同时既紧张又放松，当其处于完全放松状态时，本来可引起焦虑的刺激也会失去作用，即对此刺激脱敏。在体育运动领域运用系统脱敏技术，可以帮助运动员解决一些情绪问题，如赛前焦虑。情境表象以整体环境为主，动作表象以表象个人运动动作为主，前者旨在提高情绪控制的能力，后者旨在提高运动技能，当然，这两者往往是有交叉的。

（二）认知理论式训练

1. 表象训练

（1）表象训练的内涵

表象训练是教练员、运动员和体育运动心理学工作者运用最为普遍的一种心理技能训练方法，被视为心理技能训练的核心环节。它是在暗示语的指导下反复想象某种运动动作或运动情境，从而提高运动技能和情绪控制能力的方法。表象训练有利于建立和巩固正确动作的动力定型，有助于加快动作的熟练和加深动作记忆。赛前对于成功动作表象的体验将起到动员作用，使运动员充满必胜的信心，达到最佳竞技状态，这有助于消除肌肉酸痛和单调乏味的感觉。

（2）表象训练的依据

表象训练及心理神经肌肉理论是当产生一种动作表象时，总随着实现这种动作的神经冲动，大脑皮层的相应中枢会兴奋，原有的暂时联系会恢复，这种兴奋会引起相应肌肉进行难以觉察的动作。运动表象引起的这种运动反应被称作观念运动反应（或念动动作）。

（3）表象训练的方法

表象训练也称念动训练、回忆训练或想象训练。表象训练主要是运动员或学生有意识地、积极地利用自己头脑中已形成的运动表象，并配合适当的语言暗示进行训练的一种方法。运动表象有的也称动作表象，它是综合的表象，包括视觉表象（如动作的形态、过程）和动觉表象（如内部用力感觉、节奏），表象训练时往往配合有语言暗示（如关键要领），语言可制成"套语"，使之固定化、程序化。这种内部重复演练动作表象的训练过程，能使表象过程中相应动作部位产生肌电活动。因为在人的头脑中产生一种动作表象时，总是伴随实现这种动作的神经冲动，大脑皮层的相应中枢就会产生兴奋，原有的暂时联系就会恢复。这种兴奋会传至相应的肌肉引起难以觉察的动作。这种产生运动表象时所引起的运动反应，称作"观念运动反应"，也叫"念动动作"。运动实践证明，进行念动训练所产生的效应，有利于建立和巩固正确动作的动力定型，从而有利于加快动作的熟练和加深动作的记忆。在赛前，对于成功动作的表象体验（念动训练）能起到动员作用，可使运动员或学生逐渐恢复到最佳竞技状态。为此，应注意以下几点。

①运动表象越清晰准确，完成的动作就越准确。在头脑中准确地重现某个动作形象并不是一件容易的事情，运动员或学生要在这方面进行反复练习。

②运动表象必须是视觉和动觉相结合的综合表象。如果只呈现视觉表象，那么念动训练的效果就会受到影响。通过实际练习，运动员或学生可进行自我检查与对比，以提高运动表现。

（4）运动表象的形成过程

运动表象的形成过程分为两个阶段，在建立阶段，运动员首先形成有关动作的大致轮廓，但动作的时间、空间、力量特点都不太清楚，主要成分是视觉表象；在相对准确化阶段，运动表象中反映的动作时间、空间、力量特点逐渐清晰，主要成分是动觉表象。

2. 认知调节训练

一般来说，运动员情绪的调节与控制可以从两个方面着手：一是采用以生理调节为主的方法，如放松训练；二是采用以认知调节为主的方法，如合理情绪调节训练和暗示训练，这种认知调节训练，旨在提高运动员对情境评价与问题处理的能力，以在复杂的比赛情况下依靠运动员自己解决问题。

认知调节训练，也可称为认知—行为调节训练，源于20世纪50年代开始发展起来的行为矫正技术，行为矫正是连接临床心理学和实验心理学的主要桥梁，在早期，这一领域中的大部分工作都应用实验室中的学习理论来解决行为问题。约瑟夫和沃尔普的工作也许是此类方法的典型代表。众所周知，行为主义者关于人类行为的看法和态度同斯金纳的观点有密切关系，这种观点强调外显的行为，而对思维和情感则不屑一顾，认为这些内部行为难以用系统的科学方法进行研究。

一般来说，认知行为调节过程有四个阶段：第一个阶段是探查阶段，此时，心理学家要了解服务对象各方面的情况，比如，他是如何看待周围世界的，是如何建立和组织自己的认知系统的。第二个阶段是教育阶段，此时，心理学家帮助服务对象建立一种新的认知模式把问题看作是可以解决的，并采取具体的方法解决问题。第三个阶段是巩固阶段，心理学家继续为服务对象提供帮助。第四个阶段是评价阶段，评价帮助措施和服务对象的行为变化在生活中的意义。当然，这四个阶段并无明显区分，新问题的产生或旧问题的解决都可能导致人们在这四个阶段之间不断跨越。

3. 暗示训练

暗示训练是利用言语等刺激对运动员的心理施加影响，进而控制行为的过程。我国的气功与印度的瑜伽运用了许多自我暗示的方法，19世纪初，德国学者舒尔茨到印度，对瑜伽的暗示法进行了调查研究，他回国后，在给患者治疗时，把患者分为给药组和给药加暗示组，经过一段时间治疗发现，自我暗示对疾病治疗有显著效果。1932年，出版的《自我暗示训练》，揭开了对自我暗示进行科学研究的序幕。

运动心理学的研究表明，自我暗示能够提高动作的稳定性并提高成功率，有的运动员在训练日记中回忆说："为了消除赛前的惊慌，使大脑安静下来，我的暗示口诀是：镇静，镇静，镇静就是胜利；我相信我的力量，我一定能取得胜利。"

（三）模拟训练

模拟训练实际是一种适应性训练或脱敏训练，这是将训练安排在与比赛条件相似的环境下进行的一种训练方法，能使运动员逐步适应比赛的特殊环境，有利于提高临场的表演效能及比赛水平。同时，通过模拟训练，可以排除运动员或学生参加比赛时产生的不良心理状态。为了达到这个目的，必须对即将参加比赛的对手、场地、设备、照明、器材、观众、气候、时间等条件掌握得十分清楚，才能进行模拟训练。模拟时还要注意在生理、心理、环境等各方面尽量做到与赛前实际情况类似。

模拟有实战实景模拟和语言形象模拟两种。"实战实景模拟"就是创造与比赛实际类似的条件进行训练，培养运动员的适应能力。如条件许可时，应使运动员提前到达比赛地点和场地进行训练，或者到与比赛地点的气候、环境类似的地方进行训练，进行和比赛同样要求的测验，制定和执行与比赛地点"时间差"相同的作息制度，都属于实战实景的模拟训练。"语言形象模拟"利用语言来描绘未来竞赛时的情形，以及对手的行动和自己的行动，这种模拟要配合图、表、照片、录像、电影等，使之具体化。经过模拟训练，有利于将技术、战术从运动训练场转移到比赛场上。

在模拟训练中，由于项目不同，采用的模拟训练方法也有所不同。如在一对一的项目中，可以选择一些适当的竞赛对手进行"实战"训练。这些训练都应在模拟的类似条件下进行。我国运动员在出国比赛之前，也曾做过模拟训练的尝试，包括对运动员作息时间的安排、在比赛中可能出现的问题、环境因素的干扰等，都进行了设计，这对克服运动员的紧张心理和对比赛环境的适应都是大有好处的。

（四）其他心理训练

1. 集中注意力训练

注意力集中是坚持全神贯注于一个确定目标，不为其他内外刺激干扰而分心的能力。根据实验研究，注意力集中的能力对于射击运动员提高运动成绩十分重要。注意力集中的能力包括意愿的强度、意愿的延长、注意力集中的强度和注意力集中的延长四个方面。注意力集中的强度依赖于精神机能，而注意力集中的保持和延长却取决于身体机能。当精神疲劳时，注意力集中的强度就会变弱，当身体疲劳或有病时，注意力集中的延长机能就会降低，当情绪不好，杂念多时，注意力也难以集中。因此，注意力的训练是一个综合的努力过程，所采用的训练方法也是多方面的。

实验研究指出，行之有效的集中注意力的训练应注意以下几个方面。

（1）对从事的活动要有强烈的兴趣，来自内部的兴趣动机更能使人全神贯注。

（2）在日常生活中养成办事有头有尾，不能有见异思迁的习惯。

（3）练习视觉守点、听觉守音的集中能力。

（4）在比赛中把自己忘掉，用身体体会、进入集中注意力的境界。

（5）在比赛中把环境忘掉，不去想比赛和名次，而是思考如何敏捷地做动作。

（6）消除担心、害怕心理及其他原因，避免情绪波动。

此外，在心理训练中有的学者发现，采用看手表、注意物体、注视墙上的圆圈等方式的练习也颇有成效。看手表的练习是指先看表的秒针，将注意力集中在秒针上，先看1分钟、2分钟、3分钟，记录自己能坚持注视秒针的时间。如注视始终不离开秒针能坚持1.5分钟，把这个时间记下来，然后进行练习时，每次坚持1.5分钟，连续3~4次，每次练习后休息10~15秒。经过多日训练，每次练习的时间逐渐延长，当能集中注视秒针达到5分钟后就转入注视分针的练习。当能集中注视5分钟时，说明集中注意的能力得到提高，这样的练习可以在任何时候进行，尤其是在大脑疲劳、注意力不易集中的情况下进行练习，会得到更好的效果。

2. 智力训练

智力是人们在掌握和表现运动技能的过程中必须具备的心理特征，从中国学者的研究中可以看出三个研究特点：第一是智力结构中的一般因素或一般智力发展水平；第二是测量工具多为标准化的智力测验，如韦氏智力量表和瑞文标准推理测验；第三是多数学者认为体育活动能够促进人的智力发展。根据国内外研究结果，可归纳出以下一些趋势。

（1）高水平运动员具备中等或中等以上水平智力。

（2）体育专业学生的智力发展水平与文理科学生的智力发展水平无显著差异。

（3）运动专项不同，取得优异成绩所要求的智力特征也不同。

（4）运动技能的类型不同、水平不同，智力因素对技能获得的影响也不同。

（5）运动技能学习阶段不同，智力因素对掌握运动技能的影响也不同。

（6）智力缺陷儿童的智商分数越低，技能操作成绩越差，掌握运动技能也越困难。

（7）所完成的操作任务难度与智商分数之间有一定的相关。

上述定义强调，我们应当在具体的运动情境条件下来把握和理解运动智力，另外"必须具备的心理特征"主要是运动员的认知因素，即与运动信息加工过程中编码、储存、提取、决策问题有关的知觉、注意、记忆和思维等因素。

另外，正确理解运动员的智力水平具有重要的意义，它有助于消除某些人认为运动员"四肢发达，头脑简单"的错误观念，有利于运动员的选材工作。在选材工作中，不但要关注运动员是否具备了成为高水平运动员所必须具备的中等以上的智力发展水平，而且更关注运动员在具体运动情境中解决问题的能力。对运动员智力的正确理解，还可以使我们正确地认识体育运动与智力发展的关系。

3. 意志训练

人的意志品质是决定人心理的一个因素。在训练中，可以有意识地设置一些快速变化的困难，培养运动员当机立断、正确估计危险程度、毫不犹豫完成决定的果断精神。克服主观困难的方法可采用说服教育、榜样作用、自我命令等。克服客观困难的方法可采用改变负荷、练习难度，降低要求和环境条件的改变等。通过在训练中锻炼并提高运动员的自制能力，能使其自如地控制情感，养成坚定的意志品质，保证运动员在比赛中能充分发挥其竞技能力。

4. 表情调节

表情调节是有意识地改变自己面部和姿态的表情以调节情绪的方法。情绪状态与外部表情存在着密切有机的联系，因此有"情动于中而形于外"的说法。情绪的产生会伴随一系列生理过程的变化，并因而引起面部、姿态等外部表情。如愉快时兴高采烈，笑容满面，手舞足蹈；愤怒时横眉竖眼，咬牙切齿，紧握双拳；沮丧时垂头丧气，肌肉松弛，萎靡无力等。既然情绪状态与外部表情存在着密切而有机的联系，我们就可能通过改变外部表情的方法而相应地改变情绪状态。如感到紧张、焦虑时，可以有意识地放松面部肌肉，不要咬牙，可以用手轻搓面部，使面部肌肉有一种放松感。当心情沉重、情绪低落时，可以有意识地做出笑脸，强迫自己微笑，假使做不到，可以看看别人的笑脸，或者想一想自己过去最高兴的某件事，也可以想一想自己过去最得心应手的比赛情境。

5. 活动调节

大脑与肌肉的信息是双向传导的，神经兴奋既可以从大脑传至肌肉，也可以从肌肉传至大脑。肌肉活动越积极，从肌肉向大脑传递的冲动就越多，大脑的兴奋水平就越高，情绪就会高涨。反之，肌肉越放松，从肌肉向大脑传递的冲动就越少，大脑的兴奋性就越低，情绪就不会高涨。活动调节利用不同速度、强度、幅度、方向和节奏的动作练习，也可以控制运动员临场的情绪状态。例如，情绪过分紧张时，采用一些强度小、幅度大、速度和节奏慢的动作练习，可以降低情绪的兴奋性，消除过度紧张。情绪低沉时，采用幅度小、强度大、速度快和节奏快的变向动作练习，通过反复练习，可以提高情绪的兴奋性。

6. 音乐调节

通过情绪色彩鲜明的音乐来控制情绪状态叫音乐调节。音乐能够影响人的身心健康，这一概念早已为人们所接受。例如，人们可以听着催眠曲进入梦乡，唱着歌曲减轻繁重体力劳动造成的疲劳等。研究表明，音乐能使人产生兴奋、镇定、平衡三种情绪状态。音乐给予人的"声波信息"，可以用来消除大脑工作所带来的紧张，也可以帮助人们内在地集中注意力，促使大脑的冥想状态井然有序。因此，人们喜爱的曲子或一种具有特殊节奏的音乐，可以使人身心放松，也可以使人身心兴奋处于机敏状态。运动员赛前如果有异常的情绪表现（如过分紧张），听一段轻音乐或喜爱的歌曲，往往能得到调节情绪的良好效果。

7. 呼吸调节

通过深呼吸可以使运动员的情绪波动稳定下来。情绪紧张时，常有呼吸短促现象，特别是过于紧张时运动员常有气不够喘或吸不上气来的感觉，这是呼气不完全造成的。这时可以采用缓慢的呼气和吸气练习使情绪的兴奋性下降。情绪低沉时，可采用长吸气与有力的呼气练习提高情绪的兴奋水平，这就是呼吸调节。这种方法之所以奏效，是因为情绪紧张时，呼吸快而浅，能使体内吸入大量氧气，呼出大量二氧化碳。二氧化碳呼出过多，会使血流中的二氧化碳失去平衡，时间一长，中枢神经便会迅速做出抑制性的保护性反应，这时，可以采用加深或放慢呼吸频率的方法来消除紧张，经过一小段时间后，就会得到情绪稳定的效果。

8. 颜色调节

在竞赛中也可以利用联觉现象通过颜色调节运动员的心理状态，即为颜色调节。例如，过分紧张时，看绿色、蓝色、紫色，具有镇静作用，设法用绿色的毛巾擦汗，饮用绿色的饮料，到蓝色的环境中休息一下，可使过度兴奋得到缓解。如果运动员临场精神状态不振，则应多给以红色或黄色刺激。排球运动比赛所用球由原来的浅色改为现在的彩色球，除了适应电视转播和利于运动员判断球旋转方向外，也是为了调节运动员枯燥的训练，在视觉上增加色彩的刺激，从心理上起到振奋情绪的作用。排球运动员现在的比赛服与以往相比，也是多彩多姿的，其中也有用颜色调节心理的原理。

9. 语言调节

语言调节也称暗示调节，是使用语言对心理活动施加影响的方法，也可用手势、表情或其他暗号来进行。暗示现象在日常生活中有着广泛的作用，不仅会对人的心理和行为产生影响，还可以影响人的生理变化。暗示作用有积极的，也有消极的。

暗示可分为自我暗示和他人暗示。竞赛前和竞赛中，教练员与运动员应尽量用积极的语言分析对手情况，制订战术，树立信心。避免使用消极词语，如用"我很镇静"代替"我不紧张"，用"我充满力量"代替"我还没有疲劳"，用"我站得很稳"代替"千万别摔倒"等。教练员应十分注意自己的手势、姿态、面部表情和眼神，这些都是传递暗示信息的媒介，可能给运动员的心理带来重要影响。如中国女排国家队前主教练陈忠和就深谙此道，女排姑娘们比赛时，他在场外总是一副笑脸，及时地给予鼓励和安慰，不断调节队员的情绪，使她们始终处在积极向上、奋勇拼搏的情绪当中。同时，运动员自身的表现也可能对队友产生影响。

第四节 排球运动损伤的科学预防

一、排球创伤的部位

排球运动最常见的损伤部位是肩、膝和腰。肩伤以肩袖损伤、肱二头肌腱鞘炎为最多，多因肩部无力、扣空球或扣球技术错误（如肩外展90°屈肘扣球就很容易伤肩，如能高手扣球此伤即可避免）引起。在肩部，因扣球姿势不正确，还会引起肩胛上神经麻痹（其发生率可高达25%～30%），出现冈上、冈下肌麻痹，多见于集训期间的运动员。膝伤以髌骨软骨病、股四头肌外侧头末端病（尤以单足起跳与落地的运动员最多，如改为双足多可避免）及半月板损伤最为多见，起因是过度劳累和救球时跪地髌骨受撞击致伤。腰伤以肌肉劳损、椎板疲劳性骨折、腰椎间盘突出与棘突骨膜炎较多见。此外，扣球、封网、救球倒地也会导致背部、臀部的挫伤及上下肢其他关节韧带的挨伤或扭伤，其中扭伤、骨折和脱位最常见，如表7-1所示。预防方法为：注意改正错误的技术，遵循训练原则，场地宜平、忌硬和滑，使用厚护膝及护腰。准备活动时，应特别注意肩、膝、腰、指腕关节的活动。

表7-1 排球易受伤部位比例

上肢27%	躯干/背部和腹部20%	下肢40%	其他部位（大腿、髋部、头部、眼）13%
肩部10% 肘部12% 腕部5%		脚12% 踝关节8% 小腿5% 膝15%	

二、排球运动的致伤原因

排球运动属于技能主导类隔网对抗性的集体项目，需要同伴之间的密切配合，技术性较强。当今世界排球运动有以下新的特点：一是攻防转换快，对抗性越来越激烈；二是普遍运用大力跳发球技术；三是前排进攻点后移，后排进攻点前移，原地起跳少，快速冲跳飞行扣杀（发球）技术运用普遍；

四是自由防守人各种高难度防守；五是立体进攻战术体系建立；六是训练时间长，训练强度大；七是网上扣拦攻防对抗激烈；八是全能型选手的培养等；九是频繁参赛；十是排球运动呈多极化发展[1]。

以上新的特点，导致排球运动员的运动损伤人数增多，损伤部位增多，损伤程度加深。

由于排球运动技术动作大部分是在腾空跳起或半蹲状态下完成的，如连续快速起跳拦网、快速冲跳大力发球、后排进攻及前排的强攻扣球等动作，导致膝关节的损伤发生率最高且程度加深。连接上、下肢枢纽的腰部发生运动损伤也比较常见。排球运动损伤的原因主要有以下四个方面。

（一）技术方面

由于排球运动技术性较强，技术的熟练掌握需要长时间的艰苦训练，大强度、大运动量的训练就会引发伤病。

1. 扣球

扣球是排球比赛中主要的得分手段，要求发力正确，起跳迅速有力。扣球时要求运动员全力起跳，大力量的起跳和落地主要由股四头肌的强烈收缩来完成，股四头肌强烈的收缩会使髌骨和股骨发生碰撞。反复的撞击极易损伤髌骨和股骨的软骨及膝关节韧带，造成膝关节韧带和半月板的磨损。长期大量的扣球，可导致腰、腹部慢性劳损。另外，准备活动不充分、突然猛烈发力或扣球时过分伸腰以及转体用力，致肌肉发生不协调的收缩也会引起腰扭伤。

2. 发球

排球新规则的实施尤其是每球得分制的制定，使发球成为一种新的进攻形式，各队由原来的站立式发球、下手发球逐步演变为大力砍式发球、大力跳发球和跳飘球等。这些技术动作和扣球的技术接近，要求运动员具备良好的腿部力量、腰腹肌力量以及上、下肢的爆发力，在攻击性发球强调力量的同时也使运动员的损伤发病率高于其他运动项目，大力量跳发球时用力不当、击球部位不正确，往往会引发腰、肩部肌肉和韧带拉伤。

---

[1] 王玲. 高校排球教学中运动损伤的成因分析及预防对策研究[J]. 当代体育科技，2018(32)：10-11.

3. 传球和拦网

在排球运动中，一攻的关键是一传的到位率，由于对手的发球攻击性强，接球时，运动员由于球速过快不能准确判断、移动迅速到位，有时被迫采取不合理的上手接球技术而导致手指关节损伤。由于判断不准确，出现起跳时间不对、位置不对、拦网手形不正确等所致损伤。常见有指间关节脱位及韧带撕裂、腕关节软骨损伤等。此外，起跳扣球和拦网后落地踩在对方运动员脚上，急性踝关节韧带扭伤以及膝关节内外侧副韧带、十字交叉韧带的拉伤或撕裂等传球和拦网时发生急性损伤的概率较高。一旦发生，运动员往往被迫停止训练和比赛，且需要较长的时间恢复。

4. 移动和防守

在排球运动中，要求半蹲位的准备姿势以及移动、起跳。膝关节处于蹲位时，韧带松弛，膝关节的稳定性下降，此时，膝关节的稳定性主要靠髌骨和股四头肌来维持，髌骨的腱膜和韧带所承受的牵张力和关节面的挤压力较大。在半蹲位时起跳"发力"或屈伸扭转，这些作用力长期超过了髌骨组织细胞的生理负荷和局部代谢，可导致组织细胞的变性和坏死，引起软组织出血、变性、增生、钙化等一系列病理改变，从而导致髌骨劳损。

（二）训练组织管理方面

排球运动员技术水平的提高离不开身体训练，而且身体训练对于防伤防病、治疗伤病等方面起着积极的作用。但由于客观条件的影响以及缺乏身体训练的技术指导，身体训练在内容安排和方法上存在一些问题，因而常发生一些较有规律的伤病。

1. 力量训练中的损伤

力量训练中出现损伤的概率最高。我国专业排球队中常用的力量训练方法主要有大重量负重蹲起、提拉杠铃、快推、抓举、卧推等。其中，负重蹲起和提拉杠铃常易引起腰部损伤，如腰肌拉伤、腰椎间盘突出、腰髋关节损伤等；其他力量练习还可以导致腰伤和腕关节损伤。在力量训练中，准备活动不充分、肌肉的粘滞性、超过运动员承受的重量和强度是造成腰部损伤的主要原因。

2. 速度训练中的损伤

排球运动中的速度训练以短距离快速跑动和快速移动为主，常易发生股四头肌、股二头肌的拉伤以及踝关节的扭伤。由于准备活动不充分、注意力不集中和疲劳训练会导致损伤的概率增加，有时可出现膝关节韧带拉伤和腿部肌肉拉伤。

3. 其他身体训练中的损伤

在其他身体训练中腰、腿、腹部肌肉的轻微损伤。由于这几方面的训练强度相对较小，动作幅度较缓，损伤的概率相应小于力量和速度训练，一般在准备活动充分的情况下，很少发生损伤。

（三）运动员心理重视程度与损伤

在对排球运动损伤的心理统计方面，有80%以上的损伤是因为对训练和比赛心理的重视程度不够，尤其是对青少年排球运动员更甚。青少年排球运动员由于对准备活动不重视，加上年少气盛的炫耀心理，往往在准备活动还没有充分活动开的情况下，就急于进行大运动量的技术训练和比赛，使局部的负荷过重而发生急性损伤，并随着训练年限的增加而逐步转变为慢性劳损。

另外，因扣球、拦网、扑救等技术动作导致的损伤会使运动员造成心理恐惧，从而影响技术动作和效果。其中，膝关节的伤痛对运动员的心理影响最大。尤其是在高水平的排球队中，由于比赛成绩的需要必须进行大运动量训练，经常进行带伤训练和比赛而得不到充分的休息和恢复，往往会形成恶性循环。

（四）专项训练的年限与运动损伤

排球专项训练的年限越长，慢性损伤越多。据调查，排球专项训练随训练年限的增加，其损伤有明显增加的趋势。排球运动员在进行扣球和拦网时需要反复跳跃，在防守和接一传时又需要持续半屈膝位。因此髌骨的上下肌腱末端经常承受较大的牵托力，久之即导致慢性损伤。竞技体育的运动员每日要在超负荷的情况下训练，运动的年限越长，身体相应部位负荷也越大，损伤也就越多。

随着早期专项训练的进行，运动员的训练年龄越来越小，而训练负荷越来越大。排球运动员少年时期身高有较快的增长而肌肉的体积和力量相对不足，此时如过早进入专项训练，在肌肉力量不足的情况下对膝、肩、腰、踝等关节的保护作用相对薄弱，极易导致损伤。因此，不应进行过早的专项训练[①]。

长期拦网训练会导致膝关节劳损。副攻和二传运动员在场上担任更多的组织进攻和拦网任务，因而膝关节的劳损也较为严重；而主攻和接应的腰伤和肩伤较为常见。

三、排球运动中的常见损伤及其处理

（一）膝部损伤

排球运动员受伤率较高，损伤部位广泛，以膝、腰、肩、踝、肘为主。在不同的研究中统计结果有所差异，以膝关节和腰部损伤出现率最高，由高到低排列为膝关节、腰、踝关节、腕关节、肩关节、指间关节、肌肉的拉伤、皮肤的擦伤。

膝部损伤是非常常见的，其中内、外侧副韧带损伤和半月板损伤占了近半数。排球运动员经常处于半蹲位，在半蹲位下迅速作出各种技术动作，使得半月板损伤的概率非常大，而且在比赛或训练的对抗过程中，当小腿突然外展、外旋或是足与小腿固定、大腿突然剧烈内收、内旋时，可因膝关节过度外翻而损伤内侧副韧带；再加上在对抗练习中不善于自我保护，强力挤压膝关节前侧，强力外翻或内翻膝关节，易造成交叉韧带、侧副韧带、半月板等损伤。

1. 侧副韧带损伤

膝关节内外侧副韧带损伤可通过对膝关节受伤机制的分析、体格检查、X线和磁共振成像（MRI检查）诊断。患者膝关节内侧或外侧疼痛，体格检查时内翻试验、外翻试验阳性，具有开口感，提示内、外侧副韧带损伤；内、外翻张力位X线、MRI检查可进一步明确诊断。膝关节开口感是判断内侧副韧带损伤程度的重要体征，没有硬性终点的开口感往往提示内侧副韧带的完全断裂。膝关节内侧副韧带止点处断裂、体部的完全断裂、外侧副韧带断裂是手术指征。膝关节侧副韧带急性损伤的保守治疗包括：利用石膏或支具制动、

---

①张超群. 大学生排球运动损伤特点及预防措施[J]. 青岛大学医学院学报，2016 (6)：535-537.

局部加压包扎、抬高患肢、局部冰敷。手术治疗主要以韧带重建方式进行。

2. 半月板损伤

造成半月板损伤的力量可分为压迫、旋转、外展和内收、屈曲和伸直4种。损伤是其中一种或数种作用力复合作用的结果。其损伤机制主要是间接暴力所致，多见于膝关节屈伸过程中同时又有膝的扭转及外翻动作。如当膝关节半屈和处外展位时，使半月板向膝关节中央和后侧移位，此时如股骨远端骤然内旋，将半月板夹入股骨内髁和胫骨平台之间，在股骨髁强力内旋性牵拉下，内侧半月板则可发生破裂。另外，长期训练劳损也可导致半月板磨损、松动、变性、撕裂。膝关节间隙疼痛与活动关系密切，体格检查发现膝关节肿胀积液、麦氏（McMurry）试验、摇摆试验、研磨试验阳性，均表明有半月板损伤的可能，MRI检查可明确诊断。如果膝关节无明显功能障碍，无反复出现的关节积液，无合并其他结构损伤，关节稳定性正常，MRI显示半月板仅为Ⅰ~Ⅱ度损伤，可采用保守治疗；如果合并其他结构损伤，关节出现不稳定或反复出现关节积液、疼痛而影响日常生活和工作，MRI检查显示半月板为Ⅲ度损伤，则应考虑手术治疗。目前，半月板损伤大多采用修复方法：尽可能保存较多的正常半月板组织，处于"红区或红白区"的裂伤以缝合的方式进行修复。近年来，半月板移植技术、人工半月板技术不断发展成熟，成为不可修复半月板损伤的又一选择性治疗方法。

（二）腰部损伤

从排球技术上看，整个排球运动及训练过程中对腰部的力量和柔韧性要求很高。排球运动中大力砍式发球、大力跳发球和跳飘球等技术动作与扣球的技术接近，在对攻击性发球强调力量的同时，也使排球运动员的损伤发病率高于其他运动项目。大力跳发球时用力不当、击球部位不正确，往往会引发腰、肩部肌肉和韧带拉伤，反复长期累积则易导致腰肌慢性劳损。

腰部损伤主要包括腰肌筋膜炎、脊柱韧带损伤、腰椎间盘突出症、腰椎撕裂、腰椎棘突骨膜炎、腰椎小关节紊乱。慢性劳损性损伤相对于急性损伤更为常见，且大多数的慢性损伤都是由于急性损伤没有得到及时有效的治疗发展而来的。

腰部损伤多采用非手术治疗方式治疗：腰肌筋膜炎，可以采用理疗、针灸、按摩等方法治疗；韧带损伤，可采用理疗及局部封闭等方法治疗，运动员需要休息或是不涉及损伤部位的训练，一般情况下2~3周即可愈合；小关节紊乱，采用手法复位，局部封闭、按摩理疗也可以得到较好的疗效；腰椎间盘突出症，可经过计算机断层扫描（CT）或MRI检查进行确诊，并可以了解到突出的程度、回纳的可能性。若除此发作，椎间盘突出组织较小，纤维环破裂范围较小，可考虑保守治疗，采用持续平卧、牵引、按摩、理疗、输液、封闭、腰背肌锻炼等治疗方式多可有效促进髓核复位。若反复出现椎间盘突出、神经根刺激症状明显、出现腰椎不稳，CT检查显示突出髓核组织较大，则可考虑手术治疗。并根据不同类型和需求，可采用椎间盘镜、切开髓核摘除、脊柱内固定、人工椎间盘置换等手术方式。

（三）指、腕关节损伤

在排球运动中，接球时由于球速过快，有时被迫采取不合理的上下接球技术，从而导致手指关节损伤。

常见损伤包括拇指、食指的掌指关节、指间关节挫伤和扭伤，腕关节扭伤，指骨骨折、掌指关节脱位、腕关节三角软骨复合体损伤等。对于单纯性指间关节扭挫伤，可在伤后立即将伤指制动、暂停活动，局部冰敷24小时后改用热敷，并进行轻柔按摩。配以活血镇痛的外用药物，一般1~2周痊愈。掌指关节、指间关节的脱位，应先将脱位的关节进行复位，医生检查及X线检查以明确有无骨折或肌腱、韧带的断裂。如排除以上情况可用相应小夹板或石膏托进行固定及局部冰敷。若发现存在不稳定骨折或肌腱断裂、侧副韧带撕裂，应及时进行手术治疗。

（四）足踝损伤

在排球比赛中，运动员需要有灵活而又稳重的步法（特别是在起跳扣球和拦网后），由于踝、足部的关节结构复杂，韧带较为薄弱，在间接暴力的作用下极易受伤而导致急性踝关节韧带扭伤。常见的足踝损伤包括踝关节外侧副韧带损伤（以距腓前韧带为主）。踝关节创伤性滑膜炎、第五跖骨基底部骨折等。急性韧带损伤需以石膏成支具制动固定，局部冰敷。X线检查，鉴别是否存在骨折。若有不稳定骨折，则需进行相应手术处理。

（五）其他损伤

排球比赛紧张激烈，技术动作有不可预测性，致使身体其他部位也有可能发生损伤。据调查，其他常见损伤包括肩袖损伤、肘关节骨性关节病、肩锁关节损伤、肘关节内侧肌肉韧带装置损伤、肩峰下滑囊炎、颈椎病、肋软骨损伤、颈椎骨折脱位、下尺桡关节分离以及股四头肌拉伤等。

四、排球运动中的损伤预防

（一）增强损伤预防意识

在心理上要重视运动损伤预防工作，消除运动损伤的隐患，强化正确动作技术的训练，注意强调起跳后的落地缓冲，以减小对躯干和下肢的冲击力。

（二）科学训练、有效预防

全面提高身体素质，提高自身防御运动损伤的能力，力量训练时要兼顾小肌肉群的训练，注重力量训练后的放松活动，使机体得到有效放松和调整。避免练习过度集中在某一部位。在技术教学与训练中注意训练方式和手段的多样化，合理安排强度和负荷；加强易伤部位的保护：如指尖、指关节，可采用胶布或支持带缠绕固定；膝、踝、肘，可戴护膝、护踝、护肘。

（三）注重康复恢复过程

对急性损伤及时治疗并杜绝带伤参加训练和比赛，长期停止系统训练后的复出训练和伤后的恢复训练，应从小强度、小重量的适应性练习逐渐加强受伤部位的力量训练，定期对异常感觉和疼痛部位作试验性检查。对慢性损伤要进行充分的准备活动，提高关节、肌肉的柔韧性以降低受伤的概率。大运动量后，用活血化瘀药酒按摩、擦拭受伤关节（或冰敷），以减轻伤痛；注意保暖[①]。

（四）采取训练和物理疗法

对慢性损伤可采取积极的训练疗法进行预防和恢复。膝部慢性损伤，可做徒手静力下蹲，结合排球扣球起跳角度（一般下蹲角度在130°左右），2~5分钟/次，2次/天，适应后可逐渐增加静蹲时间和增加负重情况下的练习；腰部慢性损伤，可采用"俯卧飞鸟"练习，即上体胸部以上、膝部以下

[①] 何晓娜. 高校排球教学中常见运动损伤分析与预防措施[J]. 辽宁师专学报，2013（1）：47-50.

支撑平卧，或仰卧姿势下的腰部悬空练习，坚持时间5分钟以上，适应之后逐渐延长时间。其他慢性损伤也可采取针对性的静力练习，或采用针灸、按摩等物理疗法配合进行。

五、排球运动中的其他运动损伤

（一）运动员的中暑损伤

中暑损伤的症状有如下几点。
（1）大汗淋漓、发冷和头部阵痛。
（2）恶心、高烧和心率加快。
（3）精神错乱或失去知觉。

（二）运动员运动过量的损伤原因

运动过量的损伤是技术不好或运动员缺乏足够的力量和柔韧性来承受紧张连续的运动负荷引起的。这类损伤包括胫骨骨折、肌腱炎和滑囊炎。

（三）运动员的劳损和扭伤原因

导致劳损和扭伤的原因包括以下几点。
（1）缺乏柔韧性。
（2）技术与身体素质不好。
（3）疲劳。
（4）未做准备活动。
（5）原来的损伤未得到适当的治疗。
（6）急停或快速起动。

（四）运动员在运动中的痉挛原因

1. 遗传

一些运动员反复在同一肌肉群发生痉挛。一般来说这些人肌肉发达，这可能是遗传在起作用。

2. 疲劳

在肌肉反复活动后发生痉挛，产生的原因可能是重复的肌肉活动导致肌肉电解质和能源物质的耗竭。

3. 直接的击伤或损伤

经受剧烈运动的肌肉在损伤后常常出现痉挛。

4. 炎热的天气

最常见的痉挛是热痉挛。在炎热的天气下比赛时，人体使用其主要的排汗机制，导致水分丢失以及电解质失衡。

（五）运动员在运动中击伤的治疗方法

运动员在运动中治疗击伤的主要方法有以下几种。
（1）直接按住伤口，压住伤口的边缘止血。
（2）用流水和消炎药粉或消炎溶液清洗伤口。
（3）切勿使用乳剂。
（4）在伤口上敷药。
（5）有些击伤需要医务人员处理。
（6）皮肤已经破裂，可能发生破伤风。每一个从事体育运动的人都应该接受医生的定期检查，确保他们具有良好的破伤风免疫力。

六、运动员的其他类型损伤

（一）防晒预防

运动员在运动时要做好防晒工作，主要从以下几点做起。
（1）经常使用能防止紫外线A和紫外线B辐射的用品。
（2）检查运动员是否涂上防晒霜，准备一瓶防晒霜备用。
（3）当运动员出汗时，确保按时涂抹防晒霜。
（4）不透水的衣服比不透汗的要好。
（5）排球活动尽量安排在早晨和晚上，避开10~15点的阳光。
（6）避免用皮革坐垫。

（二）眼睛的防护

运动员在运动时要做好对于眼睛的防护，主要从以下几点做起。

（1）不直视太阳。

（2）应选用一副太阳镜，使眼睛随时得到适当的保护。

（3）球击中眼窝造成的损伤可能产生严重的后果，发生这种情况时应立即进行医治。

（三）排球教练的职责

教练应熟悉当前禁用的所有药物，并对运动员和他们的家人进行相应的教育，他们必须了解并熟悉排球运动员常被发现使用与误用的药物和药品。

七、排球运动中损伤预防在竞技排球中的实际应用

在排球运动中，对于损伤的预防主要在竞技排球中有以下的具体应用。

（1）教练、医生和理疗师必须相互了解对方在损伤的预防、治疗和恢复过程中的职责。

（2）确保所有运动员定期接受医务检查。

（3）确保设施、场地和器材安全可靠。

（4）教练可帮助预防常见损伤。

（5）对损伤立即进行处置，教练应让运动员休息，并对运动员进行冰敷、加压及抬高患肢处理等。

（6）在安置受伤的运动员时，教练应定期探视、鼓励运动员，并为其制订恢复训练计划等。

（7）教练应密切注意损伤的主要起因，这些起因包括：不合理的设施和器材、不合理的训练和较差的身体素质。

（8）下肢损伤是排球运动中最常见的损伤，其次是上肢和躯体、背部和腹部的损伤。因此，应确保运动员进行充分的准备活动，很好地伸展这些部位。

（9）确保运动员使用强效防晒物品进行自我保护。